Manual
do amor

Cláudya Toledo

Manual do amor

encontre sua cara-metade e seja feliz

Copyright © 2004 Cláudya Toledo
Copyright desta edição © 2012 Alaúde Editorial Ltda.

Todos os direitos reservados. Nenhuma parte desta edição pode ser utilizada ou reproduzida – em qualquer meio ou forma, mecânico ou eletrônico –, nem apropriada ou estocada em sistema de banco de dados sem a expressa autorização da editora.

O texto deste livro foi fixado conforme o acordo ortográfico vigente no Brasil desde 1º de janeiro de 2009.

REVISÃO:
Beatriz Chaves

CAPA:
Miriam Lerner

FOTOS DE CAPA:
Seamless wallpaper pattern with heart © zybr / Portrait of a smiling young man on beach © Neustockimages / Portrait of a fresh and lovely woman © Julia Savchenko / Passionate Couple © Juhász Péter

FOTO DA AUTORA:
Humberto de Castro

ILUSTRAÇÕES:
Andrea Ebert

IMPRESSÃO E ACABAMENTO:
Bartira Gráfica

Publicado originalmente em 2004 como *Manual da cara-metade – Encontre a sua e seja feliz*

2ª edição, 2012

Dados Internacionais de Catalogação na Publicação (CIP)
(Câmara Brasileira do Livro, SP , Brasil)

Toledo, Cláudya
    Manual do amor: encontre sua cara-metade e seja feliz / Cláudya Toledo.
São Paulo: Alaúde Editorial, 2012.

    ISBN 978-85-7881-118-1.

    1. Amor 2. Casamento 3. Escolha do companheiro 4. Homem-mulher - Relacionamento 5. Mulheres - Psicologia 6. Relações interpessoais I. Título.

12-02880	CDD-158.2

Índice para catálogo sistemático:
1. Casamento : Relações interpessoais :
Psicologia aplicada 158.2

2012
Alaúde Editorial Ltda.
Rua Hildebrando Thomaz de Carvalho, 60
04012-120, São Paulo, SP
Tel.: (11) 5572-9474 e 5579-6757
www.alaude.com.br

Sumário

Apresentação, 9

1. O big bang, 13

2. O mercado, 35

3. O pedido, 51

4. A zona, 73

5. Preparar, 87

6. O encontro, 105

7. Transas em transe, 119

8. O reencontro, 139

Dedico este livro ao Márcio Simões,
minha cara-metade.

Apresentação

Oi! Eu sou a Cláudya Toledo. Fundei em 1992 uma agência de relacionamentos que hoje é a maior do Brasil, a A2Encontros. Desde menina, eu me interesso por isso e já tive a boa sorte de unir muitos casais. Além disso, estudo muito o assunto, procuro ouvir as pessoas, vou atrás de opiniões e coleciono acontecimentos.

Em todos esses anos, reuni muitas informações sobre relacionamentos. Todos os dias, na agência, pessoas se conhecem, envolvem-se, gostam e não gostam umas das outras. Com tudo isso, fui aprendendo a arte do amor. Em nossas oito unidades em quatro estados brasileiros, já aproximamos mais de seiscentos casais.

De repente, eu me dei conta da prática que tinha adquirido, de quanto havia estudado e de como tinha chegado a uma percepção diferente sobre o ser humano e suas relações. Comecei a dar palestras e passar diariamente o meu conhecimento para os meus clientes que mergulham no amor.

Por isso escrevi o livro que você tem em mãos. Eu não poderia guardar tanto ouro assim debaixo do tapete; seria muito egoísmo. Este livro é fruto de meus estudos pessoais, do meu autoconhecimento, da prática diária de aproximar seres humanos e de muita reflexão. Considero unir pessoas a minha missão.

Você vai ler histórias de amor, narrações de relacionamentos que deram e que não deram certo, dicas de comportamento, noções de realidade, conselhos, brincadeiras e também muitas explicações para questões que as pessoas muitas vezes não entendem.

Além de passar tudo isso, gostaria que este livro servisse de inspiração para as pessoas e que ajudasse a formar novos casais. Desejo, enfim, que ele seja um incentivo para que as pessoas mergulhem na onda amorosa.

Legenda

Abaixo, listo pontos recorrentes que sempre acompanham quem navega na onda amorosa. São detalhes que precisam estar claros. O número da página se refere ao lugar do livro em que você pode encontrar a explicação sobre cada um desses detalhes. Quando eles aparecerem no texto, coloquei uma pequena marca para que o leitor possa lembrar.

E aproveito para deixar meu primeiro conselho: preste atenção nessas coisas, elas ajudam muito a navegação na onda amorosa!

Sabotador interno
O diabinho de plantão (p 27).

? A pergunta certa
De repente a pergunta certa é mais importante que a resposta, é o caminho para a reflexão; refletir, trazer autoconhecimento (p 53).

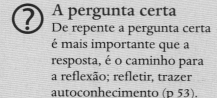
Trepar com a ilusão
Estar com o mental fora da realidade, elucubrar (p 30).

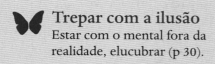
Relação dos sete níveis
Relação completa, em todos os sete níveis de energia, relacionamento (p 127).

Ancoragem
São pontos de contato que te prendem a uma outra pessoa; podem ser positivos ou negativos (p 63).

Insight, ou clique
São insights que você tem da existência, conexões claras para o autoconhecimento e o crescimento (p 37).

Corpos do ser
Somos uma turma: físico, emocional, mental e espiritual, ou a carruagem, os cavalos, o cocheiro e o amo (p 22).

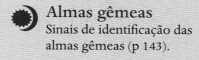
Almas gêmeas
Sinais de identificação das almas gêmeas (p 143).

– 1 –
O big bang

> *"Se num estado prodigiosamente rudimentar sem dúvida, mas já nascente, não existisse, até na molécula, alguma propensão a se unir, seria fisicamente impossível ao amor surgir mais acima, em nós, no estado hominizado."*
>
> Teillard de Chardin

Naquele sábado de final de verão, Mariana acordou um pouco mais cedo que de costume. Como às vezes ela sai com as amigas na sexta--feira depois do trabalho, a manhã de sábado serve para que ela descanse e acorde disposta a passar a tarde no clube, ir ao cinema ou passear na feirinha de artesanato perto da região do comércio do centro de Piracicaba, cidade onde nasceu, filha mais velha de uma família de dois irmãos homens.

Paulo, por sua vez, dormiu quase até o meio-dia. O caso dele é o contrário: aos sábados ele costuma acordar cedo para correr em torno do Parque Taquaral, um dos lugares mais animados para o *footing* da cidade de Campinas. No entanto, acompanhado de dois colegas, ele acabara tendo de ficar no laboratório até quase quatro horas da manhã. Bioquímicos de profissão e paixão, os três precisavam terminar um experimento para escrever o texto que apresentariam em um importante congresso internacional. Faltava apenas uma semana para o embarque para os Estados Unidos, e eles ainda precisavam ajustar pequenos detalhes.

Mas a verdade é que Paulo parecia meio desatento, e os amigos resolveram dispensá-lo ainda antes que os tubos de ensaio demonstrassem o resultado da combinação que os três estavam preparando. Na saída, Paulo pediu desculpas e contou para os outros que tinha marcado um encontro com uma garota de Piracicaba no dia seguinte à tarde. Aliás, naquele dia mesmo, pois já tinha passado da meia-noite havia muito tempo.

Depois de uma conversa pelo telefone, Mariana e Paulo marcaram um encontro em uma sorveteria do centro de Piracicaba. Como morava em um bairro afastado, quase rural, Mariana tinha decidido ir para a casa da avó, que vivia a cinco quadras da sorveteria, em um bairro central.

Esperta, Mariana foi ainda antes do almoço para a casa da avó e deixou para se arrumar lá. A senhora, que apesar dos 86 anos ainda era muito ativa, percebeu logo o ânimo da neta e tratou de dar uma força, passando a blusinha que ela tinha escolhido para usar no encontro. Se deixasse, a garota nem notaria a roupa amassada. Paulo fez a barba, escolheu uma roupa alegre, mas um pouco mais sóbria que a do dia a dia no laboratório, passou um perfume que comprara no último congresso, em Santiago do Chile, e foi tirar o carro da garagem.

O motor não queria pegar, claro. Nessas horas, tudo acontece.

Mariana vestiu uma saia um pouco acima do joelho, agradeceu a avó por ter passado a blusinha, esqueceu de colocar o brinco e deixou para trás a carteira. Só mais tarde a avó perceberia que a neta tinha saído sem nenhum documento. Paulo manchou a barra da manga esquerda da camisa enquanto colocava água no carro, mas nem percebeu.

Quando ela chegou à sorveteria, ele já estava lá, esperando. Ele a viu e foi até ela imediatamente. Como um bom cavalheiro, puxou uma cadeira para que ela se sentasse. Os dois ficaram frente a frente. 🔴 Mariana não entendeu bem por que, mas teve certeza de que o conhecia de algum lugar.

⚓ Paulo gostou muito do cheiro dos cabelos molhados dela. Os dois demoraram um pouco para pedir o sorvete, pois Mariana queria entender exatamente como funcionava o experimento que Paulo apresentaria nos Estados Unidos.

É verdade que Paulo não entendia muito bem por que Mariana ria tanto de seu trabalho de bioquímico. Ele amava a profissão, mas, para dizer a verdade, não via muita graça nela. Conversavam como se já se conhecessem, com naturalidade e ritmo. Depois da terceira ou quarta taça de sorvete de morango, o celular dele tocou, mas, como o olho mágico indicou que era um dos colegas do laboratório, Paulo não atendeu e explicou a Mariana que provavelmente alguma coisa tinha explodido ou inexplicavelmente ficado amarela.

Ela nunca tinha ouvido uma coisa tão engraçada...

🔴 Depois de explicar os detalhes do congresso e de ouvir toda a história da cidade de Piracicaba (a família dela tinha ajudado na construção do zoológico), Paulo também achou que conhecia Mariana de algum lugar. Enquanto disfarçava e tentava esquadrinhar onde podia já ter convivido com ela, os dois foram advertidos de que a sorveteria estava fechando. Mas como, tão cedo?

◉ Quando olharam no relógio, perceberam que já era noite, mais que isso, era uma hora da manhã de domingo. Tudo bem, um vexame. Enquanto Paulo pagava a conta, Mariana procurou a carteira para achar o número do telefone do táxi que a avó tinha lhe passado. Pois é, ela estava sem a carteira...

Paulo disse que não era nada e ofereceu-se para levá-la até a casa da avó.

– Mas você não precisa se preparar para o congresso?

– Meus amigos estão fazendo isso pra mim!

Mariana morreu de rir de novo e os dois ficaram meio desorientados, pois o estacionamento onde Paulo tinha guardado o carro estava com o portão trancado. Por sorte, Paulo achou uma campainha, e, depois de tocar umas dez vezes, um sujeito com cara de sono e muito mal-humorado veio abrir. Contou o dinheiro e ficou olhando os dois irem embora. Mariana achou o rosto daquele cara muito divertido, parecido até com um ator de um filme que tinha visto... quando mesmo? Bom, não importa.

✒ Paulo se despediu passando os dedos nos longos cabelos dela, e os dois combinaram de se encontrar ainda outra vez antes da viagem dele. Quando entrou em casa, Mariana percebeu que a avó já tinha ido dormir, mas deixara sobre a mesa a carteira da neta e um bilhete com apenas uma palavra: juízo!

Mariana voltou para a casa dos pais só na segunda-feira de manhã. 💡 E o tempo inteiro não conseguia se livrar de uma sensação muito esquisita que parecia começar nos seus pés e percorria o corpo inteiro. Ela tentava lembrar de onde conhecia Paulo, às vezes ria com aquela história de laboratório de bioquímica e também se divertia com a cara do cidadão do estacionamento. Mas dormir, nada. ⑦◉ Pensava nele o tempo todo. Como poderia existir um homem tão interessante e engraçado e que a entendesse tão bem? ◉ Sentia uma sensação de paixão, medo e saudade. 💡 Sentia os dedos dele em seus cabelos, uma suavidade... Só o sono que não aparecia. Ficou a noite inteira escutando música e pintando.

No entanto, e isso começou a acontecer principalmente a partir da tarde de segunda-feira, 🖌 momentos de mau humor invadiam-lhe a cabeça. Ela não conseguia entender a razão. Já Paulo parecia muito eufórico, ✒ lembrava-se a todo instante dos cabelos molhados dela e passou no shopping para ver se encontrava uma minissaia parecida com a que ela estava usando. Esse seria o seu primeiro presente. 💡 Ele se sentia excitado e nervoso, uma mistura de sentimentos...

No final da tarde, Paulo telefonou, mas Mariana pediu para a mãe dizer que ela não estava. Durante a noite a garota quase não dormiu, incomodada por aquela sensação esquisita: que homem era aquele? Depois de recusar atendê-lo por dois dias seguidos – o que o incomodou bastante –, finalmente na noite de quarta-feira Mariana conversou com ele e explicou que o tinha achado muito simpático e inteligente, mas que ele não parecia o tipo que ela estava procurando.

Paulo ficou muito aborrecido, telefonou para um dos amigos do laboratório e o convidou para uma cerveja. Mariana foi dormir, mas não pregou o olho por causa do que tinha feito e lá pelas três horas começou a chorar.

Como os dois acabaram não se falando mais, Paulo concentrou-se no experimento e Mariana resolveu tentar se distrair alugando um monte de filmes. Na verdade, ela estava tentando descobrir onde tinha visto o rosto do homem do estacionamento. Alguns dias depois, Paulo viajou para a Califórnia, mas quase não comeu durante o voo. Os amigos perceberam que ele estava pensativo e muito nervoso. A garota, por sua vez, parecia cada vez mais incomodada e deprimida.

Na terça-feira, Mariana apareceu no meu escritório sem marcar, logo no primeiro horário. Com o rosto abatido, de cabelos presos e chorando, contou tudo o que tinha acontecido.

Então eu disse: feche os olhos e imagine que está olhando nos olhos dele, o que você sente?

– Ele é demais, Cláudya, parece que eu já o conheço de algum lugar, não sei, sinto um arrepio (e tirou a presilha dos cabelos) e um medo horrível de me decepcionar com ele.

Antes de terminar, disse uma frase que não sai da minha cabeça:

– Quando a esmola é demais, o santo desconfia...

– Você conheceu a sua "alma gêmea" e está com medo, vamos ligar para ele já, agora mesmo, você não pode fazer isso com um moço tão bom como esse. Ele é sim tudo isso que você viu e sentiu, e mais, será seu marido, meu amor.

– Mas ele não vai querer casar comigo, eu estou iludida.

– Pare com maus pensamentos, vou encontrá-lo onde quer que ele esteja.

Mariana concordou e me disse que estava arrependida e morrendo de vontade de encontrar Paulo. Telefonei para o pai dele (o rapaz ainda morava com a família) e consegui o telefone do hotel. Mariana, sentada à minha frente, chorava e ria com aquela bobeira deliciosa dos apaixonados, esse néctar de vida iluminada em que eu, Cláudya, me inspiro e inspiro a minha vida.

Deixei um recado claro na recepção do hotel, para que ligasse para Mariana assim que chegasse, poderia ser a qualquer hora, e deixei o celular dela. Tomamos um café juntas, eu a abracei e falei para ela se preparar para falar tudo que estava sentindo

– Diga tudo para ele, diga a verdade. Ele deve estar sentindo a mesma coisa, tenha certeza disso.

Paulo chegou tarde ao hotel, recebeu o recado, e o celular da Mariana tocou bem no meio da madrugada. Tudo bem, ela não estava dormindo. Chorando, Mariana pediu desculpas, não conseguiu falar exatamente o que queria, mas disse que estava sentindo uma incontrolável vontade de vê-lo. Paulo prometeu que tentaria fazer alguma coisa e, do hotel mesmo, e de madrugada mesmo, telefonou para a companhia aérea e pediu para antecipar sua passagem de volta.

Na manhã seguinte ele se desculpou com os colegas do laboratório. Os dois não deram muita bola: o amigo, desde o começo, não parecia mesmo muito interessado em nada daquela história de bioquímica. Da Califórnia, Paulo avisou para Mariana que tinha trocado a passagem e que em duas horas estaria embarcando. Quando chegasse ao aeroporto de Guarulhos, telefonaria avisando. Mariana propôs que se encontrassem de novo na mesma sorveteria. Ela poderia ir imediatamente para a casa da avó.

Paulo, de Guarulhos, tomaria um táxi direto para Piracicaba. Aquele foi o voo mais demorado de sua vida. De hora em hora ele chamava a aeromoça para saber se já estavam aterrissando...

Como os dois acabaram se encontrando no começo da madrugada seguinte, não puderam passear no zoológico de Piracicaba. Mas se sentaram em um banco de onde podiam ouvir os ruídos dos animais, e a natureza abençoou aquele belíssimo encontro.

Há três meses, fui ao casamento dos dois. Ela se casou com uma coroa na cabeça e de 🦫 cabelos soltos. Na hora do beijo, ele a beijou na testa e passou levemente os dedos por entre os fios de seus cabelos.

Os casais de padrinhos eram formados por um dos irmãos de Mariana e sua noiva e por aqueles dois amigos – ambos casados – que Paulo largou para trás nos Estados Unidos. Até hoje não sei que fim levou o Congresso Internacional de Bioquímica. Mas a Mariana e o Paulo estão muito felizes e pelo menos uma vez por mês voltam àquela sorveteria. Até no inverno!

Essa é uma das histórias, entre as milhares que já presenciei em nossa agência e na minha vida. Frases como "Quando a esmola é demais, o santo desconfia" ou "Ele não é o que eu estou procurando" são muito comuns e sempre acabam minando relacionamentos que, com um pouquinho de compreensão, poderiam dar muito certo. Gosto de contar histórias de encontros de almas. Para dizer a verdade, eu me alimento delas. Sou romântica e apaixonada, acredito no amor e na possibilidade desse encontro mágico. Acredito porque sinto e vejo que ele existe para os sortudos do planeta.

O grande encontro, o *big bang*, um momento mágico em que a vida se baseia e pode ser gerada. É o passo inicial, a primeira e a maior das explosões rumo ao encontro amoroso.

A origem da vida:
um encontro de corpos

Todos nós somos resultado de um encontro de corpos que, um dia, fez explodir um novo ser. Nascemos dessa "transa" sexual, esse orgástico (ou não, quem é que sabe?) encontro de corpos, um óvulo e um espermatozoide. Para cada um de nós, um encontro específico, e para todos a representação de um *big bang* que significa a criação de uma nova vida. De uma forma ou de outra, foi um encontro (de corpos, de fluidos, de energias, de pessoas, de amor, de afinidades, de tempos, de situações, de romances, de afetos, enfim, de vidas) que nos trouxe ao mundo. Somos feitos de pai e mãe. O encontro está, portanto, impresso em cada célula do nosso corpo, reside em cada um dos nossos atos e se esconde por trás dos nossos mais microscópicos desejos.

Sendo mais clara, estou querendo dizer que todo ser humano está à procura da energia desse *big bang*. É claro que, indo além, podemos pensar em vários níveis de criação e, talvez, até em outras dimensões de vida. Da menor à maior. Mas como o meu assunto é o amor, podemos ficar nesse campo mais concreto: existimos para amar e recuperar a essência desse encontro inicial e renová-lo continuamente.

Desde que morei na Europa, me encantei pelas palavras. Tive uma maravilhosa amiga brasileira em Portugal que um dia, apaixonadíssima por um português, voltou de uma noite romântica muito desapontada. Era madrugada e eu estava ali. Ela iria ficar na minha casa.

Chegou, jogou a bolsa para um lado e se jogou no sofá de outro. Parecia uma geleia. Perguntei:

– O que aconteceu?

– Um desastre!

– Rolou ou não rolou?

– Mais ou menos...

– Como assim? Ele brochou?

– Não, nada disso... Estávamos nos acariciando e ele começou a dizer uma coisa bem alto, que eu entendi assim: "Estão me a ver, estão me a ver". Cansei daquele papo de "estão me a ver" porque não conseguia mais me concentrar, fiquei reparando no ambiente, na janela, e então eu disse: "Ou você fecha a janela ou deixa olhar. Ver o quê? Ver o quê?" Me irritei com aquilo... Gritei, daí ele murchou e eu fiquei p... da vida. Que saco! Paramos com tudo. Silêncio total, vazio absoluto. Depois, no carro, vindo para cá, fui entender que ele me falou "estou-me a vir", que aqui em Portugal significa "vou gozar", entendeu?

Caí na gargalhada. Não deu pra segurar.

Transar em outro idioma pode ser engraçado ou desanimador, conte com isso!

Bom, eu disse isso porque tenho um encanto especial pelas palavras. Gosto de brincar com elas, recortá-las, transformá-las, fazê-las em pedaços para tentar compreender um pouco mais do que elas nos dizem na superfície. Pense na palavra genética. Nossos genes carregam dentro deles uma ética. Para ética, tenho o mesmo entendimento que os gregos: a força que organiza os nossos comportamentos, pensamentos, atitudes etc. Em suma, o que nos leva a ser o que somos.

Quem já encontrou sua cara-metade sabe que, quando as coisas estão realmente harmônicas, a sensação é de força, plenitude e satisfação. Tesão mesmo! Desde sempre, na história humana, estamos à procura dessa força. Para dar um exemplo, podemos voltar aos gregos e, através da maravilhosa mitologia que herdamos desse povo sábio, entender um pouco mais dessa busca.

Conta a mitologia grega que, antes de assumirmos a forma física atual, éramos redondos. Por causa disso, andávamos rapidamente, com toda agilidade e velocidade, e tínhamos muito mais poder. É o poder do círculo, da volta! Com isso achamos que tínhamos força para invadir o Olimpo e tentamos invadir e tomar a casa dos deuses. Zeus, furioso, ordenou que Poseidon, o deus dos raios, lançasse um poderoso raio sobre aqueles círculos insolentes e os dividisse, para diminuir sua força. Com isso, cada círculo ficou dividido e o ser humano viu-se condenado a, eternamente, procurar a parte que o completaria. A outra metade... Quando a encontramos, sentimos uma força enorme, algo realmente quase divino.

Evidentemente, o encontro primordial de que estamos falando, impresso no nosso corpo e motor da nossa mente, tem um fundo sexual. Na verdade somos todos seres sexuais, todas as nossas células se originaram dessa primeira transa, desse êxtase divino.

Além disso, por ser esse encontro o gerador de toda a nossa energia, é impossível não notar que nossa mente é sexual. O sexo, por sua vez, é mental.

Imagine transar pensando na morte da bezerra. Não dá, né? E mais, para que a transa seja boa, muito boa, é preciso que a mente esteja relaxada, livre de preocupações, apenas ocupada no ato em si. A mente precisa estar no presente para ser um presente!

Olha eu brincando com as palavras de novo! A propósito, acredito realmente que o advento da razão intelectual como único princípio de funcionamento do mundo foi o que nos levou a esse estado de catástrofe e incerteza. Não precisamos mais de tanto pensamento, mas sim de uma carga maior – e renovada – de sentimento genuíno, verdadeiro e intenso. Precisamos recuperar o encontro primordial! O que nos falta é amor!

Quando sugiro que o sexo é mental e a mente, sexual, estou dizendo que precisamos integrar os diversos lados do ser – que afinal de contas é um e único! Um verso único, universo! – para atingir a harmonia necessária para o desfrute (ou seja, para chegar ao fruto!) de tudo de bom que o amor pode oferecer. Queremos esse desfrute, queremos gozar a vida, somos orgásticos!

Desde que comecei a aproximar e casar as pessoas, notei que o principal problema que impedia (ou seja, que não deixava vingar aquilo que a pessoa pedia) a realização amorosa era o estado psicológico das pessoas, o próprio ser interior. Elas apareciam na minha frente com sistema humano destruído, desinformadas de si mesmas. Muitas vezes fechadas para o seu mundo interior e querendo conhecer outro ser humano.

Na primeira conversa eu já dizia para alguns, mais preparados, que para conhecer alguém, quem sabe a própria cara-metade, é preciso antes conhecer a si mesmo e se amar, pois a busca pelo amor do outro começa pelo amor por si. Pelo menos um parco conhecimento para saber o que se quer, que tipo de relacionamento se quer ter. Conhecer-se e livrar-se dos entraves que afastam a plenitude de qualquer relação. Relacionamento. Como eu me relaciono comigo?

Mas as pessoas também podem encontrar alguém especial e se relacionar, amar dentro de suas possibilidades, com os seus medos e o desconhecimento de si. As pessoas podem ter uma relação com poucos pontos de contato e podem se sentir felizes assim. Um se vê no outro e todas as questões vão ficando mais claras. O amor funciona como uma pirâmide. A base é para todos, mas o grande amor, aquele que transforma, é para poucos, apenas para os escolhidos...

Portanto, quem está a fim de encontrar um grande amor, sua cara-metade, deve também estar disposto a lançar-se ao mundo, conhecer as pessoas, fazer apostas, dançar a música até o final, se envolver com a vida, se envolver consigo. Envolvimento: me envolvo comigo e sou envolvente! Uau! Afinal é comigo que eu consigo!

Por isso, todas as pessoas que procuram os serviços da nossa agência passam, antes de ter oportunidade de se aproximar de alguém, por um traçado de seu perfil pessoal e são convidadas ao autoconhecimento através de *coaching* e *workshops*. Depois disso é traçado o perfil procurado.

A ideia é sentir esse novo ser, respeitando seu universo, e captar qual é o tipo de amor que está em sua mente, a possibilidade que sua mente leva. E, dependendo do verso daquele ser, da sua poesia, propor uma oportunidade de dança... Existem danças divinas, amores fantásticos...

Dizem que o ser humano não veio com manual de instruções, mas existem alguns manuais por aí, de seres iniciados que já escreveram para ajudar a vida da gente. Gurdjieff tem um modo de ver o ser humano que é didático e simples. Podemos aproveitá-lo para decifrar um pouco mais de nós mesmos.

Passamos um período em que as pessoas racionalistas entendiam que inteligentes eram os homens que queriam tudo explicadinho mentalmente. Atualmente sabemos que somos uma turma, um conjunto! Somos quatro, e precisamos estar em forma em quatro sentidos diferentes!

Para o amor, para o sexo, é preciso usar todos os quatro corpos. Portanto, se o cidadão está com a carruagem quebrada, estará indisposto para o

CORPOS DO SER

Gurdjief imaginou uma carruagem típica, puxada por cavalos, dirigida por um cocheiro e que transporta um amo senhor. Vamos ver:

Primeira parte: **a carruagem**
Nosso corpo físico, elemento terra. Foi feito para nos transportar, precisamos dele para locomoção. Para alimentá-lo, precisamos de comida e água.

Segunda parte: **os cavalos**
Nosso corpo emocional, elemento água, é o corpo dos desejos. Para alimentá-lo, precisamos comer amor e beber carinhos, afeto. Somos afetivos e afetados.

Terceira parte: **o cocheiro**
Nosso corpo mental, elemento ar. É o nosso estar, como estamos. Para alimentá-lo, precisamos comer informação e beber conversas.

Quarta parte: **o amo**
Nosso corpo etérico, elemento fogo. É a nossa memória, registro de tudo. Para alimentá-lo, precisamos comer energia e beber de nossa fonte interna, acessar a centelha divina.

sexo. Se estiver muito deprimido e desejando a própria morte, não vai ter vontade de se relacionar porque os cavalos estão sem força. Se o cocheiro não consegue se concentrar, não dá para emparelhar com outra carruagem. Pode ocorrer um desastre! E, se o fogo não arde, não esquenta, se a memória não tem bons presságios daquela situação que se inicia, o fogo não arde e o amo não tem forças.

Mas agora imagine se eu me sinto bem, meu corpo está em pleno funcionamento, estou com a minha chama acesa e o fogo arde, existe uma impressão de reconhecimento do meu próprio fogo nos olhos do outro, o desejo é de me perder no outro, o perfume é mágico, o filme mental é muito excitante e sinto que estou bem, ótimo! Sinto-me quente e com pensamentos amorosos. E o corpo está ágil e as partes da carruagem começam a se misturar...

Maravilha! A turma toda, os quatro corpos, em perfeita sintonia. Já posso me harmonizar com o outro!

Agora, vamos rapidamente adotar outra imagem: a da onda. O amor é uma onda, às vezes está em cima, outras vezes, em baixo. Para que o homem e a mulher consigam navegar juntos pela onda e ficar juntos nela por muito tempo (quem sabe, para sempre!) é preciso que os dois se preparem. Terão altos e baixos.

Muitas vezes, as pessoas atribuem a falta de sucesso na onda amorosa ao parceiro, sem notar que, antes de envolvê-lo, os cavalos já estavam desanimados, o cocheiro, cheio de arquivos entupidos de informações e compromissos, meio desnorteado, e a carruagem, bem enferrujada. Não adianta, não dá certo: é preciso mudar. Para embarcar na onda amorosa, é necessário mudar!

O que o homem deve fazer para mudar? E a mulher?

Quando falamos em mudar, falamos em hábitos. E nos hábitos a gente habita. Somos elefantes emocionais, demoramos muito tempo para ultrapassar certos limites, deletar arquivos antigos, limpar os porões. E de fato não há muito para mudar, já estamos prontos, temos nossa ética nossa genética, nosso jeitão, nossa personalidade (a idade de cada um). Por isso, o autoconhecimento é a melhor coisa para entendermos de onde vêm nossos fantasmas e nossas respostas mecânicas. Quando percebemos quais são os programas que estão instalados em nós, pelo menos identificamos os problemas. A partir daí já podemos gozar de certa tranquilidade.

Mas mudar o corpo, pintar a carruagem, aumentá-la ou diminuí-la é fácil e está na moda! Tem de tudo. Peitinho ou peitão, bumbunzinho e pernão. Só não se vende tesão. Isso você tem de ter, sentir, fazer sentido!

A incompreensão por parte de ambos os lados é a razão do insucesso de muitos relacionamentos. Muita gente se afoga na onda amorosa simplesmente porque não sabe que o parceiro de natação tem características diferentes.

Vamos nos conhecer melhor entendendo nosso princípio energético para que, através de um pouco de consciência, identifiquemos melhor o nosso "oposto". Os opostos se atraem? Lógico, homens e mulheres se atraem, desde os primórdios. Realmente somos muito diferentes; eu diria que somos complementares.

Yin e yang

O que significa ser yang? Significa preocupar-se com questões mentais, considerar o trabalho como fundamental para a felicidade e voltar-se para conquistas financeiras. O racional por excelência. Além disso, é ser mais visual – quer ver para crer!

O ser yin é emotivo, trabalha principalmente com o ouvido e coloca em primeiro lugar aspectos sentimentais. Por favorecer muitas vezes a intuição, consegue conferir às coisas mais delicadeza, cuidado e poesia. Por isso mesmo, às vezes não tem muita ordem ou foco e sim mais emotividade e sensibilidade.

Um relacionamento ideal é aquele que leva à complementaridade. Portanto, se um ser é mais yin e o outro mais yang, dá certo. Existem seres equilibrados entre yin e yang, mas de forma geral a mídia vende o homem como yang e a mulher como yin. Não é mais a realidade hoje, temos atualmente muitas mulheres yang, muitas mesmo. Chamo esse fenômeno de "síndrome das mulheres cabeça".

SÍNDROME DAS MULHERES CABEÇA

São mulheres muito yang, trabalhadoras e donas absolutas de si, aquelas que geralmente dizem "acho que assusto os homens". Dizem isso com frequência para mim e acreditam que os homens não querem mulheres independentes financeiramente. Não é nada disso! Eles adoram e até preferem quando a mulher tem o próprio sustento.

A questão é outra, é o equilíbrio! Ser yang no trabalho, tudo bem. Mas, se você quer um homem yang, tem de se transformar em yin na calada da noite! Tem de virar Cinderela, sacou? Esse é o problema da atualidade, as mulheres não conseguem mais acessar o lado yin, no bom sentido, ativar o coração.

Uma possibilidade boa para mulheres muito yang são os homens yin, sensíveis. Podem ser escritores, músicos, poetas ou simplesmente médicos, mas com uma carga de sensibilidade boa. Entende a complementaridade? Se uma mulher é 70% yang, deve ter um homem 70% yin. O problema, muitas vezes, é que essa mulher pensa que deve ter um cara mais yang ainda para que ela revele o seu lado yin-feminino. Mas isso não dá certo. Esse é o caso da história que conto a seguir. Uma história que aconteceu por insistência dessa cliente extremamente yang. Ela achava que só poderia ser feliz com um homem bem yang, apesar de só ter se relacionado na vida com homens yin (é lógico).

De tanto ela insistir, resolvi dar oportunidade para que ela experimentasse e se entendesse melhor. Veja o que aconteceu.

Luísa, uma advogada de 40 anos, veio à agência atrás de um homem que pudesse ajudá-la a esquecer um pouco o trabalho e as responsabilidades do escritório que ela tinha ajudado a fundar, visto crescer e do qual se tornara a principal sócia. Durante a vida, ela se apaixonara algumas vezes e, em dois momentos especiais, conseguiu manter um namoro firme. O primeiro namorado era um músico em começo de carreira. Terminou não dando certo porque os dois eram muito jovens e ela não via futuro na relação, não acreditava na profissão dele.

Já se formando, teve uma boa oportunidade para alavancar a carreira profissional, abriu o escritório com um casal de amigos e ingressou na pós-graduação.

No segundo relacionamento ela já era uma advogada reconhecida e bem colocada na carreira. Tinha pouco tempo e preferia namorar apenas em uma ou outra viagem durante algum feriado prolongado. O rapaz, dois anos mais novo que ela, tinha uma condição financeira inferior – era jornalista –, mas a deixava alegre e tinha realmente talento para escolher bons filmes.

No entanto, ele queria passar com ela mais tempo que as funções de advogada permitiam, o que acabou fazendo com que Luísa terminasse o namoro. Por algum tempo, ela se arrependeu, mas o movimento no escritório a distraía e ocupava sua cabeça.

Quando conversamos, ela estava havia dez anos sem nenhum relacionamento e parecia muito pouco preparada para ter um novo encontro. Tinha ficado com o seu desenvolvimento yin atrasado, dez anos mais jovem do que ela era agora. Conversamos muito e eu mostrei que o lado yang dela devia ceder lugar ao lado yin. Ela, por fim, não concordou e falou sobre sua grande vontade de conhecer um homem bem másculo, dono de seu destino e da própria vida. 🦋 Que fosse decidido e muito bem-sucedido, porque ela acreditava que aos poucos poderia valorizar seu lado yin com essa nova relação.

Apresentei-a por perfil e foto para o Gustavo, um industrial do ramo têxtil, filho de imigrantes italianos. Gustavo gostou do perfil dela e então enviei o dele para ela. Disse que era aquele que ela tinha me pedido, um yang de primeira! O sistema a que ela teve acesso não mostrava, mas ele era um dos homens de maior poder aquisitivo que já tinha vindo à minha agência. Sua fortuna, aliás, não é fácil de ser calculada.

Os dois logo marcaram um encontro no local que ele escolheu.

🦋 Luísa achou-o meio autoritário, mas pensou que talvez aquilo fosse por causa da falta de intimidade que a conversa telefônica às vezes causa. 🔧 Os dois se encontraram no bar-restaurante mais caro de Campinas, e Gustavo passou boa parte do encontro contando para ela o sucesso do seu fluxograma e os roteiros de suas viagens de negócios. Ao mesmo tempo, conversava com os garçons, o gerente e outros frequentadores como se fossem velhos amigos. Depois do terceiro uísque dele e do seu segundo suco de laranja, Luísa começou a chorar incontrolavelmente, o que acabou deixando Gustavo muito constrangido, desacostumado que estava àquele tipo de reação. Ele não entendia nada. Por que será que ela estava chorando? Estava tudo tão normal e bom. Bom lugar, bons petiscos, ótimo ambiente. Enquanto isso, ele se perguntava por que as mulheres são tão complicadas.

Depois de pedir desculpas, ela saiu, chamou um táxi e voltou para casa. No dia seguinte me ligou e passou quase duas horas dizendo que não se incomodaria com um homem menos preocupado com o trabalho, mas que a fizesse rir e a levasse ao teatro ou a um restaurante de que ela gostasse, que perguntasse a ela antes de escolher etc.

Lembrei-a do último relacionamento, com o jornalista, e expliquei que ela precisava de um homem que soubesse aplacar o forte lado yang de sua personalidade, sendo yin. Como já expliquei, um relacionamento só vai dar certo se houver complementaridade entre esses dois lados.

Algum tempo depois, aliás exatas duas semanas após sua vitória mais importante na justiça, Luísa conheceu um operador de turismo cujo hobby era colecionar caixas de fósforos do mundo inteiro. Ela nunca tinha se importado nem com caixas e muito menos com fósforos, mas ficou impressionada com a habilidade que ele tinha de, a partir das ilustrações dos rótulos, falar da geografia e da sociedade de cada um daqueles tantos países. Ele não tinha uma ótima condição financeira, o que ela, sim, tinha. Não era do tipo muito decidido, mas ela sim. Por outro lado, ele era sensível, carinhoso e dizia coisas lindas para ela.

Depois de um ano de namoro, os dois se casaram e viajaram para a Itália em lua de mel. Luísa arrumou e providenciou a viagem todinha, como ela queria. O escritório funcionou perfeitamente nos vinte dias em que Luísa esteve fora e ela ficou satisfeitíssima, um dia, quando achou, em frente ao Vaticano, uma caixinha de fósforos que o marido nunca tinha visto. A ilustração do rótulo, de fato muito bonita, mostrava a imagem do Coliseu por trás de um verso da *Eneida*.

Não é difícil notar que a complementaridade é decisiva para um relacionamento. A palavra-chave, portanto, é complementaridade.

Mas um grande problema, um grande complicador em relacionamentos que estão no começo, ou mesmo nos já maduros, é o sabotador interno.

Essa história de dizer que está desconfiado porque "o outro não inspira confiança" é demais! Se a pessoa é desconfiada, é dureza! Desconfia até da própria sombra! Algumas delas chegam ao escritório desconfiando de tudo e perguntam se as pessoas são reais. Dá vontade de brincar e responder que fabricamos gente. Visite os nossos escritórios e veja por si.

O fato é que essas pessoas, quando conhecem alguém por nosso intermédio, também não confiam na pessoa. São desconfiadas e ponto final. Não confiam em si e não vão confiar no outro, não tem jeito. Mas as pessoas desse tipo muitas vezes não percebem que é o sabotador delas que está ligado e funcionando a todo o vapor. Acham e dizem sempre que o "outro" é que não inspira confiança. De fato, não confiam em si, e temos de ter paciência. São pessoas com um sabotador interno poderoso!

SABOTADOR INTERNO

- É o seu "diabinho" de plantão.
- Quando as coisas começam a dar certo, muita gente liga o "sabotador", aquele diabinho que fala no ouvido: "É muito para você", "Não pode ser, é bom demais para ser verdade", "Quando a esmola é demais, o santo desconfia", "Você vai ficar sozinha(o). Ninguém vai querer uma pessoa como você!"
- Garanto que todo mundo aí já se pegou tendo um pensamento como esses. É o medo agindo e tentando destruir tudo.
- Quando uma relação começa e parece estar indo bem demais, é preciso deixar para trás as neuroses e os medos que podem minar tudo. Além disso, ninguém deve esquecer que amor não é esmola. Afaste esse tipo de pensamento e tenha ideias positivas na cabeça: "Sim, é verdade, tudo o que eu sempre quis está acontecendo".

Um sabotador péssimo é o das advogadas, o sabotador do julgamento. Sabe como ele se apresenta? Assim, olha:

– Este rapaz que estou te apresentando é separado.

– Separado por quê? Qual é o problema dele?

– Nenhum, apenas se separou.

– Você pode me dizer por quê?

– Não, não posso. São questões pessoais. Se quiser saber, você poderá conhecê-lo e perguntar para ele.

– Ah, não sei, não, acho estranho.

– Ok, mas tinha um outro aqui, que te apresentei, que era solteiro, e você também não quis saber dele. Por quê?

– Achei estranho. Com 35 anos, por que ele ainda é solteiro?

– Várias contingências da vida dele. E você? Por que está solteira com 34 anos? Tem algum problema?

– Mas no meu caso é porque eu namorei muito tempo e não deu certo, é diferente.

– Ok, mas você não sabe se o problema dele é igual ao seu ou não. E se for o mesmo? Mas e se for outro? Você não poderá aceitá-lo?

Perceba que o sabotador é muito eficaz, ele mistura julgamento com desconfiança, é superpoderoso!

Outro sabotador fantástico é o da crítica. Imaginem como deve ser difícil para um crítico acessar o próprio programa amoroso. É quase impossível. Os seres humanos têm defeitos, todos eles. Desculpe, nem todos, os das novelas não têm. Ah! Nem os dos comerciais de TV, esses também não.

Mas todos os outros têm. O crítico vê todos os defeitos do outro. Só vê os defeitos. É um especialista, entende?

E tem gente com sabotador 3 em 1 por aí: julgamento, desconfiança e crítica! É *power*! Bombástico!

Não é difícil descobrir quando o sabotador é acionado: apenas os defeitos do parceiro ou do pretendente aparecem. A pessoa começa a sentir enorme dificuldade para enxergar qualquer qualidade positiva e começa a alimentar velhos fantasmas. É o momento em que hipotéticos problemas que ocorrerão no futuro passam a atormentar o presente. Obviamente, esses problemas não passam de imaginação criada pelo sabotador. Existem casais casados há bastante tempo e aí um dos cônjuges começa a achar que o casamento do amigo é melhor, que a grama do vizinho é mais verde, sabe como é? O sabotador é desumano, cuidado! Ele é formatado no cocheiro. Feito de um corpo apenas, o mental. Ele é desumano por isso, não contém todos os corpos, é ilusório.

Portanto, homem e mulher, estejam atentos e prestem atenção para desligar o sabotador toda vez que ele ameace aparecer. O estrago pode ser grande e os prejuízos, muitas vezes, só podem ser contabilizados depois que o diabinho já atrapalhou tudo.

Como fazer para nunca achar a cara-metade?

Ligue o sabotador interno à máxima potência, 24 horas por dia.

Mas, além do nosso querido sabotador, devo falar de um outro problema da atualidade: a ansiedade.

Desde que o mundo é mundo e as pessoas vivem em sociedade, periodicamente uma doença, psicológica ou não (e há alguma doença que não seja psicológica?), torna-se epidêmica e prejudica as pessoas. Na década de 1990, a famosa LER – lesão por esforço repetivo – tomou conta de ambientes de trabalho e aos poucos as pessoas se deram conta da gravidade da situação e desenvolveram alguns mecanismos para contorná-la.

Atualmente, o grande problema é a ansiedade. Ela decorre da ascensão da ideologia do máximo trabalho. Não é segredo para ninguém que vivemos na era da informação, em que as coisas acontecem rapidamente. Grandes negócios são feitos a distância e em instantes (e são desfeitos do mesmo jeito) e os principais valores são ligados à competência profissional. O mundo contemporâneo perdeu-se em um excesso absoluto de elementos yang. Estamos numa sociedade econômica, desumana.

Não preciso ir mais longe para esclarecer que tais doenças e a própria conformação atual do mundo são extremamente prejudiciais à onda amorosa. O excesso de velocidade, por exemplo, conduz à ansiedade. Porque as pessoas ficam divididas entre o passado e o futuro, o tempo parece curto. Não estão no presente. As pessoas querem tudo para já, para ontem, se possível. Mas o amor exige cuidado e cultivo. O amor quer terreno e tempo para ficar maduro. É por isso que as pessoas que tratam a relação amorosa da mesma forma com que conduzem seus negócios ou se comportam no trabalho tendem a viver um grande fracasso.

Portanto, no campo amoroso, a ansiedade gira em torno de dualidades: "Ele gostou de mim ou não gostou?"

"Ele vai me telefonar ou vai sumir?"
"Ela vai querer ficar comigo ou com meu amigo?"
"Ela quer compromisso sério ou quer 'ficar'?"

Essa dúvida dual gera a ansiedade. O melhor é se conectar e levar em conta apenas o "seu desejo". Por exemplo:

"Eu gostei dele e me contento com isso. Não vou almejar nada. Não vou esperar que o outro faça ou seja, não vou criar expectativas para que não haja frustração."

TREPAR COM A ILUSÃO

Chamo esse processo de "trepar com a ilusão". Veja como isso se dá: ligue o corpo mental (o cocheiro) e envolva os cavalos (corpo emocional); aí faça a indústria do corpo funcionar, gerar energia. Acompanhe essa viagem mental e tente senti-la. Os batimentos cardíacos mudam... Faça a experiência.

Ele(a) está pensando em mim agora e está querendo que eu lhe telefone. Adorou aquela transa de ontem, vai me ligar. Então nós vamos sair hoje e eu vou poder contar aquele segredo que nunca contei a ninguém e ele(a) vai me abraçar e dizer que adorou saber. Vai querer me ouvir mais e mais. Depois nós vamos transar e ele(a) vai me dar um presente. Vou sentir novamente o seu cheiro e ouvir palavras lindas. Vai dizer que me ama e me abraçar muito e vamos sair de mãos dadas e ficar juntos...

Percebeu o "encadear" de pensamentos? Se não se realizarem, serão ilusões.

Essa "trepada com a ilusão" dá uma energia para o cidadão que a adota, que é fan-tás-ti-ca! Você pode render horas de trabalho com a energia dela, pode canalizar essa maravilhosa energia para qualquer outra proposta. Mas, meu amigo, minha amiga, quando essa trepada cai na real, quando as coisas não acontecem, dói!

Você simplesmente está intoxicado(a) pelo corpo emocional e tem que descarregar. Muita gente tem disenteria, alergias e outros bichos que o corpo arruma para botar para fora toda aquela ilusão.

A essa altura você pode estar se perguntando: "Mas como sei quando é um sentimento de fato, dos dois lados, e quando é uma ilusão? No caso da Mariana, por exemplo, como ela poderia saber que o cara estava sentindo o mesmo que ela?" Aos poucos vamos percebendo e entendendo isso no livro e espero que você tenha a oportunidade de senti-lo e de experimentá-lo também.

O excesso de sinceridade

Ultimamente, surgiu a moda da "sinceridade". Cuide para não cair nessa de achar que você tem de falar tudo o que sente e pensa do outro na onda de ser transparente e sincero, porque isso de fato é falta de educação. Ninguém tem de aturar a verborreia do outro, ainda mais quando se trata de ouvir o que ele acha e entende que são verdades absolutas sobre você. É muito chato! Sair por aí dizendo os defeitos do outro é uma bobagem, uma grosseria infeliz.

Se você, que está lendo este livro, conversar com outras dez pessoas que também o leram, verá que cada uma delas tem a sua visão "real" sobre ele. Cada uma entenderá à sua maneira. Note que a vida é exatamente como você imagina que ela seja. Cada um só vê com os próprios olhos...

Pois é, ansiedade, crítica, excesso de sinceridade... mas onde anda a nossa amiga tolerância? As pessoas precisam aprender a conviver com as diferenças e, mais sabiamente ainda, começar a apreciá-las. É preciso tolerar as diferenças do parceiro e saber conviver com elas, sem massacrá-lo. Esse é um dos segredos do sucesso de relações que duram muito tempo. A eternidade, inclusive...

Quando alguém nos procura, sempre apresenta uma lista de qualidades que quer que o parceiro tenha. Pedimos também uma lista das qualidades que tem para oferecer. Em seguida, uma lista dos defeitos, os dela e os que ela aceitaria no outro. Pessoas que estão "trepando com a ilusão" não têm defeitos, só qualidades! Autoconhecimento zero!

Bom, depois de tudo isso, vou terminar com uma história de que gosto muito. Eu me emociono com ela. Tem um brilho de pureza, os dois puros, um casal que acredita no amor, um pouco mais perto de Deus do que os outros. Eu os vejo assim. E aconteceu há muito tempo, numa época em que ainda trabalhávamos com arquivos manuais, de homens e mulheres.

Armínio, um senhor de 61 anos, veio à nossa agência depois de um ano da morte da mulher. Muito simpático e alegre, apresentou-se como dono de uma rede de supermercados em uma série de pequenas cidades vizinhas à minha. Ele morava na menor de todas, distante uns cinquenta quilômetros da agência.

Explicou que sentia muita falta da mulher e que, por isso mesmo, não conseguia viver sem uma companhia feminina. Falou que seu casamento tinha sido tranquilo, amoroso e doce. Disse ainda que queria uma mulher mais ou menos da idade dele e que uma coisa podia garantir: era um cavalheiro e a trataria da melhor forma possível.

Ele viera preparado e decidido. Tinha obtido todas as informações pelo telefone e chegou munido de toda a documentação necessária para o cadastramento e as fotos, não faltava nada. Perguntou o preço, fez o cheque. Mas, conforme tinha avisado por telefone, precisava de um serviço rápido e eficiente, não queria ficar se deslocando sempre para minha cidade. Queria ver as candidatas.

● Apresentei-lhe fotos de algumas inscritas e de cara ele se interessou por Matilde. Quis saber sobre ela, quis conhecer o perfil dela, apenas o dela. Ela era uma professora universitária que lecionava no curso de Enfermagem e tinha dez anos a menos que ele. Apesar da idade, Matilde era virgem e tinha tido uma sucessão de namoros desastrosos. Ela precisava, evidentemente, de uma pessoa compreensiva e que soubesse tratar de sua iniciação sexual com afetividade. Logo vi que Armínio era o homem ideal. ● Ele nunca foi informado sobre a virgindade da senhora, mas, em meio a mais de trinta candidatas, só teve olhos para ela. Foi incrível. E ela era a única virgem da seleção. Depois do consentimento dela, passei a Armínio o telefone de Matilde. Na mesma noite, ele ligou.

Engraçado. Antes de se apresentar de verdade, resolveu dizer que era amigo de um amigo e que estava precisando de uma pessoa que pudesse aconselhar a enfermeira da sogra do vizinho, já que a velha passava tardes e tardes no jardim chateando o cachorro dele.

Matilde morreu de rir quando ele revelou que gostaria, na verdade, de conhecê-la. Os dois marcaram um primeiro encontro na cidade dela e ali mesmo ele pediu a mão dela em namoro. Não é uma graça? Evidentemente, do namoro ao casamento pouco tempo se passou. Na verdade, Armínio queria muito que Matilde fosse morar com ele na cidadezinha onde ele vivia desde moleque.

Para convencê-la, convidou-a para conhecer a casa dele. Seria a primeira noite de amor da vida de Matilde, e àquela altura Armínio já sabia disso. Chamou três rapazes que trabalhavam em um de seus supermercados, foi até a floricultura e comprou alguns sacos de pétalas de rosa. Depois, ele e os rapazes espalharam as pétalas por toda a casa, cobrindo o chão para formar um tapete de flores.

✗ Pensando no amor e na nova vida, com a sabedoria e a calma que vem com a idade, o coração disparado como um adolescente, tomou seu banho. Fez a barba e se cortou. Pensou: "Será esta uma aliança de sangue? Eterna?" Colocou um belo terno, meias e cueca novas e se perfumou. Foi buscá-la em casa e na viagem reviu sua vida amorosa.

Estava com o coração quente e jovial. Sua paixão e amor pela vida estavam renascidos. Pegou aquela que se tornaria sua cúmplice e com doçura veio pelo caminho contando histórias e falando poesias e quadrinhas. Parou o carro em frente a sua casa e disse: "Eu gostaria que você entrasse nesta casa e sentisse que ela poderá te acolher com amor".

Quando Matilde subiu os degraus, Armínio a pegou no colo e os dois passearam pelo chão de pétalas. Ele caminhou com ela por todo o espaço e em passos de valsa foi fazendo com que ela dançasse e enfeitasse com sua beleza e energia aquele espaço. É claro que até hoje os dois moram na casa.

Outro dia encontrei Armínio em um estacionamento. Todo orgulhoso, ele me contou que uma vez por ano vai à floricultura e espalha um tapete de rosas pela casa. A história ficou tão famosa que só na sua cidade três outros homens fizeram a mesma coisa.

E essa história ficou tão marcada em mim que a cada estação compro flores para a nossa agência e depois desfaço os arranjos e espalho pétalas de rosas pelo chão, em todo o escritório. Já tive alguns clientes entrando no escritório olhando aquele chão maravilhoso! Nos dias em que faço esse ritual, canto para que o amor abençoe todas as pessoas que confiaram a busca pela sua cara-metade a nós. E rezo. Rezo para que abram bastante as narinas e se sintam inspirados, inspirados pelo amor que está no ar. Pirados de amor! Esse é o meu desejo!

– 2 –
O mercado

"A descrição do purgatório é a de um mundo sem mercado, onde basta uma dificuldade para que se perca toda a capacidade de usufruir o banquete a ser oferecido."

Nilton Bonder

Há algum tempo apareceu na agência um senhor de cinquenta e poucos anos que, de cara, me pediu para arrumar para ele uma garota entre 25 e 30 anos, requintada, culta, de nível superior, com formas perfeitas e rosto bonito. Eis a história dele.

Dono de uma das maiores redes de lojas de eletrodomésticos do Brasil, além de uma namorada, ele queria se casar. Disse a ele que nessa faixa etária as mulheres queriam ter filhos e ele disse que, se fosse essa a vontade dela, ele aceitaria.

Considerava-se um homem conservado e bonito, com o físico em dia, cheio de força e atraente. Mas para mim ele era um homem interessante de cinquenta e poucos anos, o que não muda em nada a situação nem seus pontos de atração. Ele comprava todos seus ternos na Itália! Além de toda essa beleza e elegância, oferecia também para a garota os melhores restaurantes, carro com motorista, viagens, hotéis cinco-estrelas e o que mais ela quisesse.

Pacientemente, expliquei-lhe que as garotas nessa faixa de idade, bonitas e educadas, que fazem parte do sistema A2Encontros não estavam atrás de um hotel cinco-estrelas e de viagens internacionais na primeira classe. Disse que queriam um companheiro igualmente culto e com idade compatível para construírem sua vida familiar. Também disse que a classe social de moças que se interessariam por essa proposta não se inscrevia em nosso sistema. Só temos pessoas de classe média para cima, mas uma moça bem simples adoraria essa proposta. Ele disse que não queria uma moça muito simples, porque desejava que ela frequentasse os mesmos lugares que ele, que o acompanhasse. Fui sincera e disse que só poderíamos atendê-lo se ele mudasse o perfil procurado.

Ele perguntou quem eu achava compatível com ele e eu disse:

– Uma mulher fina, requintada e bem conservada entre 35 e 45 anos. Existem mulheres fascinantes em qualquer faixa etária.

Obstinado – e talvez acreditando que a onda amorosa funcionasse como o mercado de eletrodomésticos – 🦋 insistiu e me garantiu que se eu apresentasse o perfil dele para duas ou três dessas garotas, na mesma hora elas se interessariam. Novamente, mostrei para ele que aquele tipo de garota estava atrás de um rapaz de no máximo 35 anos, bonito e gostoso, com a vida encaminhada, mas não necessariamente cheio de dinheiro. Ele iniciou o trabalho comigo pelo Sistema Vip de apresentações e acabou se apaixonando loucamente por uma moça de 38 anos. Bingo!

Os relacionamentos são feitos por meio de trocas de energia. A energia do dinheiro é uma delas. A energia da juventude e da beleza é outra. Podemos, sim, estabelecer trocas, e é isso que precisamos aprender. Temos sete moedas de troca, ou sete níveis de relacionamento. Para ter sucesso na onda amorosa, precisamos dominar essa pauta. Recebemos de forma clara as moedas que temos para trocar. Em meu livro *Eles são simples, elas são complexas*, divulgo esse ensinamento.

Antes de partir para a busca, conheça a realidade

Percebo que as pessoas que estão na "garimpagem" não conhecem o mercado no Brasil. Não estão atualizadas sobre as suas reais possibilidades e são extremamente fantasiosas. Se a pessoa quer entender suas reais possibilidades, um ótimo exercício é começar conhecendo as pessoas que ela atrai.

É preciso dar oportunidade e chance para perceber isso, saindo com pessoas que gostam de você, e saber qual é o ponto de contato, de atração. Quem quer mudar o público que atrai tem de mudar o próprio polo de atração. Os conceitos, o modo de se comportar e se vestir, naturalmente, atraem uns e repelem outros. Você pode mudar esses ingredientes e experimentar novas possibilidades e sentir os resultados, testar. Sabor para saber. Saborear para saber. Sábio. Saber de si. Tente se conhecer para saber o tipo que você vai atrair.

Outra questão é a disponibilidade. A pessoa pode estar livre, sem compromisso, mas estar apaixonada, gostando de alguém. Você pode estar gostando de alguém e encontrar outra pessoa mesmo assim; provavelmente atrairá alguém nas mesmas condições que você. Mas saiba de uma coisa: se você está pela metade na relação, o outro também estará, não se iluda.

Tenho um cliente na A2Encontros que está inscrito comigo há quase um ano. Durante esse período, ele entrou e saiu do sistema algumas vezes, mas nunca chegou a conhecer ninguém. Sempre que escolhia alguma moça, ela não queria conhecê-lo. Diga-se de passagem que a foto dele era horrível. Recentemente ele se animou a tocar adiante sua vida amorosa e afetiva. Já tinha resolvido suas questões com os filhos, que agora moravam com ele. Bom, finalmente foi conhecer a primeira candidata, que, depois que ele escolheu, imediatamente topou conhecê-lo. Sabe o que aconteceu? Saíram e não se gostaram. Um reclamou do outro. 🔑 Os dois fizeram a mesma reclamação: mal resolvidos em relação ao fim do casamento anterior. Final de relacionamento mal resolvido, esse foi o ponto de contato.

Incrível é que um viu o problema no outro, mas não em si mesmo. O trabalho da gente nessa hora consiste em fazer com que a pessoa se enxergue. Tente ver se você não está refletindo no outro seus próprios problemas. A maioria está.

INSIGHT, OU CLIQUE

É preciso se preparar para enfrentar o mercado, e, dentro dele, achar o seu público-alvo. Se você está bem, provavelmente atrairá algo muito bom. Por isso, o melhor é cuidar de si e se preparar para a hora certa, acreditar que seus relacionamentos podem ser maravilhosos e saber que você terá exatamente em cada relacionamento a chave de que precisa. O universo providencia exatamente a pessoa com a energia que a gente necessita. Por isso é importante perceber onde estão os pontos de contato, os nossos polos de atração, as chaves!

Vejamos quais são as possibilidades que o mercado brasileiro pode oferecer.

Segundo dados mais recentes que coletamos em estudos da nossa agência, as mulheres no Brasil estão casando com a idade média de 27 anos e os homens, por volta dos 30. Em 1991, as mulheres se casavam com 23 e os homens, com 27. Conclusão: as mulheres estão casando mais tarde porque estão pensando primeiro na carreira.

Mas se com 26 anos a maioria das moças está se casando, provavelmente com 25 a maioria está namorando, certo? Então, se você está com 25 anos e sem namorado e pretende se casar, acorde! Acorde porque grande parte dos rapazes interessantes está ocupada. É bom agir rápido! Afunde o pé no acelerador! Se você é moça, solteira e tem mais de 28 anos, é melhor se dar conta de que terá de conhecer também homens separados, aqueles que vêm com o kit família.

E se você é homem e está com 29 anos, saiba também que a realidade é a mesma! Algumas outras estatísticas indicam que até os 31 anos 90% dos homens já se casaram. Dos 10% restantes, 6% são homossexuais. Acima de 30 anos, restam 4% de homens solteiros, uma minoria.

Tenho um recado para os homens que se importam muito com o visual: considera-se que 10% das mulheres são as realmente bonitas, mas essas dificilmente sobram no mercado depois dos 26 anos. Mas para os homens ainda existe a hipótese de esperar a nova safra, as mais novas! Essa opção funciona muito bem até o homem ter uns 35 anos; depois disso, vai ficar mais difícil. Difícil porque ele vai ficando mais velho e a maioria das moças de 23 e arredores não vai aceitá-lo. E as que não aceitam são as mais cotadas, as que têm uma fila para escolher, muitas opções.

Falando em opções, percebo que hoje em dia elas estão raras se comparadas aos "velhos tempos". E note que nem são tão velhos assim: as moças que paqueravam na década de 1980 lembram como tínhamos propostas de namoro sempre. Todos os rapazes queriam um namoro legal. Era o que acontecia.

Mas atualmente o que rola é o tal do "ficar", que na adolescência significa abraços e beijos, depois se encorpa e se mistura com o sexo de uma noite. É um "ficar" de gente grande mesmo! Só que o pessoal ainda não é tão adulto assim e massacra o corpo de desejos. Rapazes e moças que ficam frequentemente com parceiros diferentes na maioria das vezes se fragilizam emocionalmente. Percebemos isso com frequência por aqui.

"Ficar" nem sempre é um problema, se as intenções dos dois são as mesmas. Mas se um está a fim de um relacionamento mais estreito, pode ficar frustrado. Portanto, é melhor deixar as intenções claras mentalmente antes de partir para a ação. Se a moça falar que quer namorar e o cara sumir, é porque queria só "ficar". Nesse caso, agradeça. Uma desilusão a menos no seu placar.

Até me arrisco a dar uma opinião. Imagino que os pais devem liberar o "ficar" enquanto ele está na fase 1, abraços e beijos. O "ficar" na fase 2 seria melhor que fosse substituído por namoro. Tipo assim: para transar precisa namorar, no mínimo! Sabe por quê? Porque se não se desenvolve um hábito de envolvimento mais profundo, há uma grande dificuldade depois, e a superficialidade se torna um costume.

Outra dica do mercado é aprender com a diferença entre Brasil e Europa, por exemplo. Os europeus gostam de mulheres de mesma faixa etária ou mais velhas, os americanos também. Para muitos deles, se relacionar com alguém mais velho é sinal de poder e sabedoria. No campo sexual eles entendem que a mulher mais velha se comporta melhor na cama, pode até ensinar e é mais solta.

Ao contrário disso, os europeus e os americanos entendem que o homem que se relaciona com mulheres mais jovens não é maduro o suficiente para ter uma mulher de sua idade. Não posso discordar, faz sentido.

Olhando agora para as separações, os números mostram que na separação judicial não consensual a proporção de mulheres requerentes (75,3%) é substancialmente superior à de homens (24,7%). Veja que as mulheres, quando estão insatisfeitas, dizem "basta" e vão viver sozinhas se for preciso. Não precisam necessariamente ter encontrado outro parceiro para se separar. No caso dos homens, é diferente.

No entanto, em relação às ações de divórcio, a proporção de mulheres requerentes cai (55%) em decorrência do aumento de pedidos por parte dos maridos (45%). Provavelmente, o crescimento do número de homens requerendo divórcio está associado ao fato de eles se casarem novamente em maior número do que as mulheres. A possibilidade de um próximo casamento é sempre maior para o homem, segundo pesquisas recentes.

É claro que para os homens é mais difícil viver sozinho do que para as mulheres. Eles sempre procuram um segundo casamento, uma nova companheira! Homens e mulheres, depois de se separarem, se divertem com os prazeres da vida e entram na onda amorosa sem compromisso de novo casamento. Só depois de curtirem um pouquinho a rua e a liberdade é que resolvem procurar um novo companheiro. E daí muitos homens optam novamente pelo casamento. As mulheres querem um companheiro e sempre se relacionam com amigas ou com os seus grupos de afinidades.

Nesse momento, se a mulher está com mais de 45 anos fica mais difícil encontrar um novo companheiro. Sabe por quê? Porque nasce o mesmo número de bebês meninos e meninas, mas com o tempo vamos tendo uma redução dos homens em acidentes de carro, esportes perigosos, problemas do coração e outros. Os homens adolescentes se arriscam bem mais que as mulheres e morrem antes. Todo mundo conhece várias viúvas, mas nenhum ou poucos viúvos, não é?

Como não temos segurança financeira em nosso país, os homens se estouram e ficam estressados. Em outros países existe maior volume de homens mais velhos em melhores condições que no Brasil. Portanto, os que sobram depois da guerra da vida muitas vezes optam por um relacionamento com uma moça mais jovem que eles.

Um em cada dois homens em idade sexualmente ativa no Brasil sofre de algum tipo de disfunção sexual. Em números absolutos, isso significa cerca de 26 milhões de brasileiros com problemas como falta de desejo, ejaculação precoce e incapacidade de obter uma ereção suficientemente boa para o ato sexual. Destes casos, 20% são resolvidos apenas com terapia e 35% com medicação oral casada com terapia. Veja como tem gente sofrendo por falta de informação e cultura!

À medida que reunimos mais dados, vamos encontrando o porquê das coisas. Se existe um problema de disfunção, naturalmente o homem procura uma moça mais jovem, é a primeira atitude que ele toma em direção ao seu salvamento. Ele em geral imagina que com a mocinha terá um desempenho de mocinho. Não é exatamente essa a sua salvação, mas é a primeira tentativa. Mas falarei disto em outro capítulo: como mudar o cardápio sexual para ter felicidade.

Mas, vamos seguindo, falando do nosso Brasil. Segundo dados da Sociedade Brasileira para Estudos do Cabelo, 42 milhões de homens (mais da metade da população masculina brasileira) são calvos. A estatura média do homem brasileiro é 1,70 m e das mulheres, 1,60 m.

Outro dado que coletei por observação de meu sistema é que 10% das pessoas são lindas para todos, 10% são feias para todos e o restante, 80%, são pessoas comuns, bonitas para uns e feias para outros. Esses 10% que são belos o são em qualquer idade.

Veja: você é tão exigente que quer alguém dessa faixa de beleza? E você também está nela? E o amor se localiza nos olhos ou no coração?

O mercado é muito decepcionante?

Mas o que tenho para dizer é que para os que estão abertos para amar, a Providência providencia. Sinto isso claramente, todos os dias, diante do volume enorme de gente que nos procura. Existem pessoas que estão conectadas com a energia amorosa e outras, não. Temos pessoas muito bem casadas dentro das minorias ditas impossíveis de conseguir. O poder e a possibilidade do amor e da sedução são para quem acredita no amor maior, sem dúvida! Esses são os bons! O banquete está servido, o mercado está aí, faça o seu prato!

Como na vida alimentar, tem muita gente se contentando com chiclete, que engana mas não alimenta. No mercado amoroso também. Os "ficantes" gostam mesmo é de chiclete, porque a fome continua, ou melhor, aumenta. Ficar depois de uma certa idade é chiclete, engana a fome emocional, afetiva. Adolescente gosta muito de chiclete, está certo! Para esta idade, ficar é felicidade! Esquisito é quando as coisas estão fora da idade!

Como alguns relacionamentos terminam?

Em alguns casos, os homens se acomodam, passam a centralizar o casamento quase que exclusivamente no sexo e esquecem os momentos românticos do amor e do noivado. É assim que o relacionamento começa a ruir.

Quem quer manter o casamento, então, deve sempre estar de olho em coisas como: carinho, romantismo e surpresas amorosas. Ora, não é porque casaram que os dois vão deixar de trocar presentes no Dia dos Namorados!

E as mulheres preferem ficar sozinhas do que mal acompanhadas. Aliás, você viu os dados, são elas que pedem a separação. Mulheres insatisfeitas dizem: "Não quero mais e pronto". E quando elas não querem, nada acontece. As mulheres desejam um companheiro, um relacionamento que proporcione crescimento.

Fizemos uma pesquisa recentemente e descobrimos que os homens brasileiros têm mais necessidade de fidelidade e mais dificuldade de superar os efeitos de uma traição descoberta. Muitos homens nunca se refazem de uma possível traição e vão parar no divã, perdendo a potência sexual. Como disse Freud: "As mulheres resistem melhor, pois são um elemento mais estável. O homem é – por boas razões biológicas – mais frágil".

Por que será que isso acontece? Em geral o homem relaciona traição a sexo, apenas sexo. E a mulher associa a traição a romance. As mulheres, quando imaginam um amante, pensam em alguém doce, amoroso, que seja romântico, que as valorize, enfim, que seja um presente. Resumindo, que materialize aquele romantismo em ações de fato.

A mulher trai porque quer ser abraçada, aconchegada, receber carinho e ser ouvida, e o homem pensa que é porque o pênis do amante é maior que o dele. Tenho uma pesquisa de Ashley Montagu que revela que as mulheres se propõem ao ato sexual porque querem ser abraçadas, e se o ato não ocorrer, mas ocorrer o toque e os abraços, para 80% delas já está bom.

Freud explica: "Na mulher, a necessidade de ser amada é maior que a de amar".

Então, o importante é o desenvolvimento da sexualidade, dos prazeres da pele e do toque que devem ser diários. Atualmente existe um volume grande de casamentos sem sexo: eles começam com uma transa em que a mulher não sente prazer e não tem coragem de dizer. Na sequência dessa má experiência, quando ele vem agradá-la, ela pensa: "Xiiiiiiiii, ele vai querer de novo!"

Então não deixa que ele a toque, para que não haja outra transa malsucedida. Ela vai se fechando, ficando nervosa, falante demais, ansiosa e carente e cada vez mais longe dele. Percebemos também que a potencialidade de se relacionar da pessoa está diretamente ligada à possibilidade que ela tem de tocar o outro, de abraçar o outro e se relacionar de fato. Pessoas com medo do contato físico, sem dúvida, têm medo do contato mental, do relacionamento, da troca de mentes, das conversas penetrantes, do início do contato para chegar à profundidade.

Muitos homens dizem que quando chegam em casa a mulher só quer falar e solta a língua, sem parar. Ouça e abrace, acaricie os cabelos dela, sem ficar querendo pegar nas áreas sexuais dela, porque isso a irrita mais ainda. O homem tem as zonas erógenas bem definidas, mas para a mulher é o corpo inteiro, explore cada milímetro! Deixe o contato sexual para depois que o corpo estiver aberto para você.

Quando a mulher se solta, a mente e o corpo se mostram, fica claro. O corpo então convida ao toque mais íntimo.

O que fazer com o sexo durante os anos de casamento?

Para os homens, uma boa comparação: o futebol. Veja, se você tem 20 ou 30 anos e joga futebol, corre como um maluco, faz gols e está em plena forma física, provavelmente tem um técnico que tem por volta de 50 anos, que já corre menos fisicamente, mas tem outro saber e organiza o time, sabe tirar o melhor de cada jogador. E com 60 ou 70 anos, se você ainda for um aficionado por futebol, poderá ser dono de um time e escalar os jogadores que quiser e escolher o técnico que você bem entender. Perceba que você está sempre "jogando", só que a cada tempo de uma forma. Há uma evolução. Para fazer sentido é preciso que haja uma evolução.

A mesma coisa ocorre em relação ao sexo. As coisas têm de mudar. Não dá para o cara ter 50 anos e querer uma performance sexual de 20! Com 20, o físico é o lance. Com 50, a estratégia mental supre o físico e com 60 a sabedoria transformará o ato! Tem de evoluir! O sexo que ele praticava aos 20 era bom naquela época; se ele continuar com os mesmos conceitos, querendo ter o mesmo sexo, vai se matar! O que no passado lhe trouxe vida, hoje vai tirar!

Bom, agora que já mostramos um pouco de números, vamos ver alguns outros detalhes do mercado.

Contorne a situação: fuja do perfil dos rejeitados!

Com a minha experiência na agência e na própria vida, fui aos poucos percebendo quais os tipos de pessoas que não agradam muito. Fuja desse perfil se você quer se dar bem!

Homens, prestem atenção! A senha de acesso da mulher para o romance é auditiva, portanto as mulheres querem homens inteligentes. A mulher quer a cabeça do homem, em primeiro lugar. Quer um cara de mesmo nível sociocultural que o dela e a maioria quer na mesma faixa etária (uma diferença de dez a quinze anos é geralmente tida como normal). Por exemplo, uma moça de 20 relacionar-se com um cara de 30 anos. As mulheres preferem homens mais altos e, além disso, que não tiveram muitos filhos no primeiro casamento. Ah! Cuide dessa barriguinha: barriga muito grande costuma afugentar as mulheres. Como transar com uma pança enorme?

As mulheres se afastam daqueles caras grosseiros, que falam muito alto, não têm educação, aparecem para o encontro com um bafo de cerveja, falam palavrão e olham para a bunda de todas que passam. Estando acompanhado, esqueça as bundas alheias. Concentre-se na da sua parceira!

As mulheres gostam de homens cavalheiros e gentis, esses tipos surfam facilmente na onda amorosa. Bom nível cultural, uma boa conversa e muita educação. Procure estar sempre conectado a assuntos interessantes e nunca troque uma boa exposição de quadros do século XIX por uma conversa no bar de paquera da moda! Seja culto!

Para as mulheres é bom saber que a senha de acesso ao romance para os homens é visual. O homem tem de olhar aquela moça e ficar a fim. Diz um antropólogo amigo meu que o homem tem uma noção de encaixe sexual quando vê a mulher. Por isso cuidar do visual para não parecer a mãe dele é importante. Sempre use roupas que valorizem as formas femininas. Dê um jeito de ficar gostosa e elegante! Além disso, não tente bancar o tipo intelectual, é bobagem. Valorize suas curvas, aspectos femininos e sempre tenha uma coisa em mente: o homem quer o corpo da mulher! Depois ele quer o carinho e o afeto. Ele vai admirar seu lado intelectual, mas só depois de ser atraído pelo seu visual.

As advogadas devem tomar cuidado para não transformar a relação em um caso de tribunal. Não é preciso estar sempre se defendendo ou fabricando argumentos. Fizemos uma pesquisa em nosso cadastro com o objetivo de encontrar algo em comum entre as pessoas que tinham grande volume de apresentações e não estavam comprometidas. Descobrimos que as mulheres advogadas e os homens de escorpião são em geral os que têm mais dificuldades para o relacionamento afetivo de longo prazo.

As mulheres muito mentais, as "mulheres cabeça", aquelas que só veem defeitos e vivem criticando o companheiro, estas têm dificuldade. O homem não procura uma mulher para ser sua sócia, e sim uma dama aconchegante e bonita, doce e bem-humorada, disponível, carinhosa e acolhedora.

Quanto aos homens de escorpião, percebemos que eles têm mais dificuldade de se colocar, de abrir seus sentimentos para o outro. Talvez essa dificuldade para o aprofundamento, para a negociação dos desejos, seja responsável pela pouca duração de suas relações.

Falando para os dois sexos: normalmente pessoas críticas ao extremo estão longe do amor e as grudentas costumam não ter muito sucesso em relacionamentos. Dê liberdade ao seu parceiro e não o invada demais. Lembre-se: você é uma pessoa e seu parceiro, outra.

Outra novidade no mercado é a boa fama das brasileiras. Antigamente diziam que as brazucas tinham só fama de mulheres mais fáceis e tal. Atualmente, já temos homens europeus e americanos procurando nosso maravilhoso produto nacional para casamento. Mulher brasileira em primeiro lugar: a brasileira é vista como carinhosa, alegre e prendada. Estamos com a cotação alta! O Brasil está na moda.

Ideal versus Real:
tenha consciência das possibilidades

Percebo que estamos num momento em que as ideias estão em alta. Em qualquer festa tem sempre alguém comentando sobre o enriquecimento de um cidadão que teve uma grande ideia. Parece que só a ideia basta. Esquecemos que junto com o idealizador tem de existir um ótimo executor, um ótimo administrador e um intermediador de todos esses elementos (os quatro corpos).

Então já que no mundo atual só tem valor quem teve a ideia, estamos apenas valorizando o nosso corpo mental. Mas o mais engraçado é que duas pessoas empreendedoras e com grandes ideias não se complementam, quebram o pau porque competem. Complementares são as pessoas que têm características diferentes, complementares mesmo.

Por exemplo, se a mulher tem grandes ideias, o marido as executa, é produtivo, as põe em prática, ou vice-versa. Imagino que todo mundo se lembre de casais que trabalham juntos e são complementares. É o meu caso.

Ontem mesmo, estava com uma grande amiga, que amo, aqui em casa. Ela se casou há quinze anos por nosso intermédio. Conversamos e ela disse:

– Me enerva o fato de que ele fica calado. Vamos a uma festa e ele se fecha. Não é muito simpático.

Perguntei:

– E você?

– Ah! Eu? Você sabe como eu sou, falo com todo mundo, dou risada e tal, me enturmo.

Então eu disse:

– Se esse é o lance, você já tem essas características, ele tem outras. É a complementaridade, entende?

O grande barato é esse, ser complementar. Aqui, na minha casa, eu sou a mulher das ideias e da intermediação entre as pessoas, sou interessada pelo ser humano. Imagino que eu tenha nascido assim, isso tudo é muito forte em mim. Já meu marido é ligado aos números e à administração, é um cara superprodutivo. Enquanto lapido minhas ideias, ele faz. Ele é do tipo "gente que faz". O meu fazer é mental e o dele, motriz, entende?

Mas hoje em dia as pessoas estão muito egocêntricas e egoístas, querem alguém igualzinho a elas, têm dificuldades de aceitar as diferenças. Porque é difícil enxergar a beleza e o espírito divino no outro, a qualidade mesmo, o ser humano. Todas as religiões falam sobre essa semente divina de que somos portadores. Uns a chamam de flor de lótus, outros, de Cristo, outros, de rosa do coração. Mas, de fato, é tudo a mesma coisa. Temos de encontrar em nós a nossa divindade, nossos dons, nossas qualidades, nosso amor-próprio. Depois disso, vemos melhor isso tudo no outro ser. Porque de fato o amor está mais para o céu do que para a terra.

Se damos risada de nossos defeitos, podemos nos divertir com os defeitos do outro também, tudo pode ficar mais leve.

Então o ideal, que está na ideia, pode estar equivocado. Noto que algumas pessoas que nos procuram têm essa miopia na busca. Muitas vezes, no caso principalmente das mulheres, os pais podem enfiar na cabeça da moça que ela é uma princesa de primeira grandeza e ninguém serve para ela. Você conhece alguém assim? A gíria atual chama essas moças de "sissi", porque elas se sentem. Se a família é machista, ou o cara é filho único, essa questão ficou por conta da mãe. Ela dificilmente aceita perder a atenção do filho e acaba pondo defeito em qualquer candidata que aparece. É muito comum. Por outro lado, temos filhos únicos bem resolvidos e que estão bem casados. São as exceções que confirmam a regra? Não sei, observe você à sua volta e me diga.

Também tenho moças e rapazes que estão com muitos cachorros e gatos em sua vida e desistiram do amor ao ser humano. Fala sério, um animalzinho calado é bem mais fácil de amar do que um ser complexo e com opiniões contrárias às suas, não é? E também porque temos de ter outras opções que substituam os conventos ou os seminários que estão ficando vazios... Nesses tempos atuais, trocou-se a batina pelo cachorro!

Sinal dos tempos. Está difícil amar, não aceitamos o outro. Percebemos em nossas pesquisas que a maioria das pessoas sabe o que quer. Mas quando a gente pergunta o que têm para dar, elas dizem que nunca pensaram nisso. Não sabem o que têm para oferecer como seres humanos, mas sabem exatamente o que querem receber. Aliás, boa pergunta: O que você tem para oferecer como homem ou como mulher à sua cara-metade? E o que quer a pessoa que está com você, você já perguntou qual é a expectativa dela? Qual é o sonho? Essa é a história dos pontos de contato. Se a pessoa está cismada com dinheiro, vai atrair alguém assim também, mais ou menos isso.

Também nessa relação entre o ideal (da ideia) e o real, encontramos a realidade. Qual é a realidade de um homem de 20 ou 25 anos? É uma mulher na mesma faixa etária?

Com 20 ou 25 anos a pessoa tem potencial para ser tudo, poderá ser bom pai ou mãe, poderá ser bem-sucedido profissionalmente, poderá ser ótima esposa ou ótimo marido.

Com 30 anos, por exemplo, notamos que a maioria já casou e tem um caminho profissional definido pela frente. Entre os 40 e 50 anos, temos um ser bastante cristalizado, não é? Aquele ser já riscou sua existência de uma forma ou de outra e percebemos claramente o jeitão da pessoa.

Muitas pessoas que querem se relacionar e têm idade mais avançada acabam julgando o curso da vida do outro, o passado do possível parceiro. É triste.

Por outro lado, é natural que uma moça ou um rapaz tenham certas ideias de relacionamento quando são muito jovens e sonhadores. É lindo ouvir histórias românticas de jovens, temos a juventude dentro de nós e isso nos desperta.

Mas é muito chato notar pessoas que estão sozinhas e mantêm o mesmo padrão de homem/mulher do último relacionamento. Às vezes a pessoa quer outra que tenha características do último namorado, de 20 anos atrás, daí é difícil, né?

Então entre ideal e real temos uma relação. E para termos oportunidades no mercado precisamos considerar nossa ideia de relacionamento, e a realidade em que estamos inseridos, o nosso mercado. Atualmente, falo sobre nossos sete princípios e riquezas principais, as nossas sete saúdes. Temos essas sete moedas de troca para um relacionamento. Precisamos lembrar que o casamento deve ser um ganha-ganha. Portanto, é importante saber quais são os ingredientes que temos em abundância e os que nos faltam. Só assim percebemos claramente que tipo de pessoas atraímos. Na prática é bem fácil e interessante. O *workshop* Cara-metade traz essa atividade em seu programa.

Aliás, acabei de me lembrar de um caso curiosíssimo. Vou contá-lo aqui, para mostrar que uma união pode se dar por vários motivos e, se as pessoas estiverem sempre dispostas, acaba ocorrendo!

Luís Carlos é um empresário do ramo de produtos esportivos que acabou entrando para o circuito nacional de palestras. Durante uma época do ano ele deixa sua empresa nas mãos do vice-presidente e viaja pelo Brasil, contando como conseguiu fazer de seu hábito de correr na esteira um excelente negócio.

Com 55 anos, há três separado da primeira mulher, pai de dois filhos, Luís Carlos é o tipo que as mulheres chamam de bonitão: alto, sem um milímetro de barriga, com os cabelos negros e a sobrancelha farta. Quando sorri, passa um ar de mistério que combina muito com as cores indefinidas de seus olhos.

Você deve estar pensando: "Esse tipão foi procurar uma agência? Por quê?" Temos muitos tipões por aqui, informe-se melhor, mas, no caso dele, queria uma pessoa bem específica, definida por sua mente. Seria uma mulher na faixa de 40 anos, sem filhos e que não quisesse tê-los, ótimo nível familiar, esguia, loira e longilínea, fina e discreta. Uma dama da sociedade.

Comecei advertindo sobre o pequeno número de pessoas com essas características no mercado, e ele disse:

– Eu sei, por isso vim procurar sua ajuda.

– Ok, vamos ao trabalho!

Apresentamos algumas pessoas, ele conheceu umas três e não se sentiu atraído por elas. Outras não o quiseram. Fez o *workshop* Cara-metade e se soltou, curtiu as práticas, os ensinamentos e o fato de estar conectado com um novo grupo compatível com as suas expectativas.

Um belo dia, ele foi para Belo Horizonte e antes de almoçar com os amigos aproveitou para visitar uma academia da região da Pampulha e conferir como andava seu setor de distribuição e entrega. Mais tarde, antes de ir para o Salão de Convenções onde haveria a palestra, conferiu o roteiro de teatro. Quem sabe podia assistir a alguma peça antes de voltar para São Paulo. Além dos esportes, o palco é a sua paixão.

Naquele dia, não encontrou nada que lhe agradasse e resolveu ir para o local da palestra. No camarim, cumprimentou com entusiasmo Amanda Leopoldo, dona de um laboratório de vitaminas e suplementos alimentares. Apesar de já se conhecerem há quase dez anos, Luís Carlos nunca a tinha visto com a secretária, Luciana, uma garota forte, de 27 anos, com todo jeito de quem vai todos os dias à academia.

Enquanto conversavam, Luís Carlos perguntou se as duas não sabiam de alguma peça de teatro boa que ele pudesse assistir à noite. Amanda respondeu que não entendia nada daquilo e saiu da sala para atender ao celular no corredor.

Já Luciana sorriu e disse que no teatro da Universidade Federal os alunos formandos iriam encenar *Romeu e Julieta*. ⚓ Imediatamente, os dois começaram a conversar sobre teatro. Luciana era uma moça meiga, doce, tinha vindo do Nordeste e estava separada, com dois filhos. Ela gostava de teatro e estudava por conta própria a cena brasileira dos anos 1960 e 1970. Luís Carlos achou o tema muito interessante e se lembrou de um velho amigo, professor da Unicamp, que tinha escrito um artigo sobre o Teatro de Arena. Se continuassem em contato, ele poderia apresentá-lo a ela.

À noite, Luís Carlos foi apanhá-la em casa, num bairro simples de periferia. Os dois foram assistir à peça. Ele a abraçou aconchegante e amigavelmente durante a peça e depois saíram para jantar. No final, Luís Carlos pegou em suas mãos e olhando fixamente em seus olhos abraçou-a, levantando-a do chão, não aguentou e a beijou. Luciana, para falar a verdade, gostou e chegou mesmo a ficar impressionada com os abraços dele. Nunca tinha conhecido um homem tão doce e carinhoso!

🗡 No entanto, no dia seguinte, enquanto ia para o laboratório, teve quase certeza de que ele não voltaria a ligar: os dois eram muito diferentes, sem falar que um homem bonito e rico como aquele nunca iria dar bola para uma secretária. Ainda bem, concluiu, que ele não a tinha convidado para ir ao hotel onde estava hospedado. Mas que ela tinha ficado com vontade, ah, lá isso tinha...

No dia seguinte, Luís Carlos telefonou e contou que o professor tinha lhe falado de sua biblioteca e se dispôs a ajudá-la com a pesquisa. Além disso, no fim de semana seguinte, iria estrear em São Paulo uma montagem muito comentada de uma das principais peças de George Bernard Shaw.

– Se você quiser, podemos assistir juntos. Envio uma passagem para você vir e organizo um local para que você se sinta à vontade para descansar.

Luciana não teve dúvidas e veio um dia antes para São Paulo. Ela pretendia voltar no domingo pela manhã, mas acabou transferindo a passagem para a segunda, pois foi ver a peça só na sessão de domingo.

Não, eles não perderam a apresentação de sábado porque chegaram atrasados. Os dois nem sequer saíram da casa do Luís Carlos: ficaram namorando a noite inteira... O hotel que ele tinha reservado para ela ficou esperando a cliente que não apareceu.

Até hoje os dois estão juntos e não perdem uma estreia em São Paulo.

Luís Carlos diz que o sucesso de sua empreitada com a Luciana é resultado da nova visão de mercado que teve no *workshop*. Diz também que o namoro e a conexão de alma gêmea que aprendeu foram responsáveis pelo início caliente de seus momentos com ela! Viva a cara-metade!

– 3 –
O pedido

"Pedi, e vos será dado; buscai, e achareis; batei e a porta
se vos abrirá. Porque todo o que pede, recebe, e o que busca, acha,
e a quem bate, a porta se lhe abrirá."

Mateus 7:7

Simone veio à minha agência poucos dias antes de se internar para uma cirurgia plástica. Ela queria diminuir o tamanho dos seios. É sempre assim: uns querem mais, outros querem menos... As pessoas parecem nunca se contentar com o que têm!

A conversa com ela foi muito interessante, apesar de meio estranha: dona de uma loja, apaixonada por animais, dizia que não se considerava uma brasileira. Segundo ela, as características das brasileiras não eram as dela. Por isso, sem pestanejar, ela disparou seu pedido: um americano.

Perguntei outros detalhes do pedido: a idade, classe social, escolaridade, altura, essas coisas todas que todos fazem questão de enfatizar. Nada, Simone não queria saber de nada disso. Um americano bastava. Um americano e pronto. Engraçada, para dizer que já estava preparada para o seu pedido, começou a falar inglês. Um ótimo inglês.

E ela tinha uns belos peitões, além do inglês perfeito. Na hora me toquei de algo: bom, mas se ela quer um americano, não pode diminuir os seios. Os gringos são loucos por peitolas fartas!

Ela concordou e resolveu desmarcar a cirurgia até ver se as coisas iriam andar aqui no meu cadastro. Procurei os estrangeiros, temos parcerias internacionais, e comecei a rir quando encontrei George, um californiano que é simplesmente louco, apaixonado por cachorro. Cachorro e bunda.

Por isso George tinha vindo procurar uma mulher brasileira, por causa do mito da bunda e do estilo carinhoso das nossas mulheres. Como Simone, ele só tinha mesmo esse pedido: uma brasileira bunduda!

Meio constrangida, tive de ligar para a Simone para saber sobre o estado da sua bunda; com a roupa que ela veio no dia da entrevista não deu para notar. O negócio parece esquisito, mas preciso fazer a minha parte. E, olha, uma mulher pedir um americano e um americano pedir uma bunduda é dos meus menores problemas. Tem gente que aparece aqui com uma lista pra lá de extensa, para nunca conseguir nada.

Simone riu e disse que Deus tinha sido generoso com as suas formas: peitões e bundona! Bom, temos os dois pedidos satisfeitos, agora é torcer para que durante a aproximação nem ele nem ela façam alguma besteira muito grande.

Depois de conversarem muito tempo pelo telefone, George resolveu vir ao Brasil. Na mala, trouxe 120 cachorrinhos de pelúcia, para decorar a loja dela. Tinha cachorro de tudo quanto é país do mundo. Como ele trabalha fornecendo produtos de iluminação para aeroportos, conhece o mundo todo.

Os dois ficaram namorando algum tempo (já que o pedido de ambos foi satisfeito) e se casaram há nove anos. Simone está feliz com o seu americano, e George satisfeito com a brasileira bunduda.

A verdade é que essas características foram apenas ancoragens, coisas que chamavam a atenção dos dois. Acompanhei o início da onda amorosa deles: a conversa fluía, eles riam e falavam sobre tudo, principalmente viagens, aeroportos e cachorros. Gol! Bela polaridade, encaixe perfeito! Aos poucos foram se encontrando, sempre tenho notícias, sei que os dois vivem muito felizes.

Para "fazer um pedido", você precisa estar consciente e, além de tudo, ter abandonado possíveis resquícios de relações anteriores. Qualquer "fantasma" que você trouxer do passado pode afetar novos relacionamentos. Por isso digo que, para voltarmos à onda amorosa, devemos estar limpos e dispostos a olhar para a frente. É preciso limpar os porões.

Bom, para começar vou dar uma dica importante: nunca fale demais de seus "ex-companheiros"; isso causa uma impressão ruim no seu parceiro (parece que você está com saudade ou fazendo comparações) e também faz com que você fique sempre voltando o rosto para o passado. Ora, queremos progredir, não?

E já que estamos falando na força dos pensamentos e do querer, eu gostaria de fazer uma proposta: fuja dos clichês! Tire da cabeça coisas como: "Homem é tudo igual", "As mulheres são todas muito complicadas". Vamos trocar isso tudo por outras afirmações, topa?

Os homens são simples e as mulheres complexas (este se tornou o título do meu segundo livro), essa é a diferença que traz a complementaridade!

Tenho o hábito de dizer que o homem é diretor e a mulher, gerente; ou melhor, o homem é focado e a mulher, abrangente. Ou ainda, o homem é vertical e a mulher, horizontal. Vamos imaginar um casal em um bar. Um olhando para o outro. A mulher vê o cara à sua frente e todo mundo que está no seu raio de visão. Pode chegar ao ponto de escutar o companheiro e ao mesmo tempo a conversa do vizinho. O homem está focado só nela, não vê mais nada.

Por isso, quer ver um homem nervoso? Enquanto ele fala ao telefone, fique fazendo gestos para ele e falando também, ele enlouquece! Ele só dá conta de fazer uma coisa por vez, entende? É bem difícil conviver com essa diferença, percebo isso aqui no escritório. Normalmente, falo com meu marido enquanto ele está escrevendo algo no computador e penso que ele está ouvindo, daí ele para de digitar o texto, vira o corpo em minha direção, me olha e diz:

– O que você disse?

Daí noto a besteira que fiz, porque ele não escutou nada!

A PERGUNTA CERTA

De cara, eu gostaria de esclarecer que neste capítulo procuro demonstrar como você deve trabalhar a pergunta fundamental. Mas que pergunta? Enfim, aí vai:

Qual é o meu pedido?
Bom, claro que podemos pensar em diversas variantes para essa pergunta: O que eu quero para mim? O que estou procurando? Qual o meu desejo? Qual o relacionamento que pretendo? Como é a pessoa que eu gostaria de encontrar? Seja realista!
Você deve saber que a pergunta que faz para si mesmo, no cantinho mais profundo do seu eu, é muito importante para balizar suas ações. Por isso, pense muito bem no que você quer, porque acaba acontecendo. É bíblico, faz parte das leis universais.

As mulheres têm quatro mudanças hormonais por mês: fase seca, fase molhada (ovulando), fase seca de novo e fase menstruada. Nas fases secas, temos de ter mais romance para algo sexual rolar, na fase da ovulação já estamos bem mais dispostas, querendo algo mais.

E o homem? Ele tem uma mudança hormonal forte na vida, na troca de voz, a puberdade. E daí em diante eles não se habituam mais a muitas mudanças e demoram muito para as incorporar. Portanto os yang – pessoas com características predominantemente masculinas – demoram muito mais para mudar do que os seres yin – as pessoas mais femininas. Ou seja, em geral as mulheres têm mais facilidade para provocar e absorver mudanças. Mas veja que nos tempos modernos já temos mulheres que nem menstruam mais, mantêm os hormônios regulares o mês inteiro. Não se trata de menopausa, estão em fase reprodutiva, mas, aconselhadas por seus médicos, optam por não menstruar mais. São mulheres com os hormônios constantes, estão se tornando mais yang. Por isso, perceba a diferença entre as energias yin e yang para entender sua parceira e seu parceiro!

E agora? Como respeitar o tempo dos homens? O jeito é não pressionar muito, porque se pressionar ele se recolhe, se fecha. E, olha, se ele for para a caverna, deixe-o lá. Não faça nenhuma visita inesperada, respeite! Depois do período de reclusão ele vai voltar melhor, mais seguro.

Veja que é genético o negócio! Não podemos lutar contra a natureza!

Mudando a linguagem: ## vamos pensar positivamente?

Quer outro segredo para uma vida saudável na onda amorosa? Aja positivamente! Não crie arquivos com pensamentos negativos! Mas, se não conseguir, saia do esconderijo, ou seja, esclareça abertamente para o outro como você sente a situação, então ele também vai se pronunciar. Dessa forma você não irá minar sua mente com arquivos negativos e consequentemente ir destruindo a relação.

Ah! E pare de pensar mal de quem você não conhece. Você já reparou que no mundo de hoje todos vivem desconfiados? Desconfiam de tudo e de todos, nunca acreditam nas pessoas e vivem com o pé atrás. Ora, ora, será que não foi isso que colaborou para diminuir a dose de amor no mundo? Precisamos de mais aceitação, mais compreensão e mais confiança. Sempre!

Suponha que se você acredita em si, poderá acreditar no outro. Que se você confia em si mesmo, pode confiar no outro. Só comigo eu consigo. Se eu confio em mim, posso confiar em você.

Sem falar que essa história de que homem é tudo igual e as mulheres são todas muito complicadas não passa de preconceito. Qual é o seu conceito a respeito dos homens e das mulheres? Você tem algum preconceito sobre isso? Já vivemos em uma sociedade preconceituosa, que julga todo mundo antes de saber qualquer coisa e que vive fazendo condenações prévias. Será que precisamos de preconceito na vida amorosa também? Para não dizer que preconceito, na maioria das vezes, é falta de informação. Depois que adquirimos o conceito tudo parece mudar.

Em minha vida de cupido profissional, quando digo minha profissão para alguém que acabei de conhecer e com quem estou conversando muito bem, a pessoa fica constrangida. Vejo na cara dela que a primeira impressão é de decepção e a segunda de curiosidade. A terceira impressão é de interesse e a quarta, de respeito e admiração. Outro dia, conheci um senhor na praia do Gonzaga, em Santos. Depois de me contar sobre sua família e ouvir minhas opiniões, ele exclamou:

– A senhora entende muito do ser humano! É psicóloga ou médica?

– Não! Sou cupido, casamenteira.

– Nossa!

Depois de um tempo, e passado o espanto, ele disse:

– Então a senhora é um cupido que caiu do céu com todo entendimento sobre o funcionamento dos seres humanos?

– Obrigada, mas não caí do céu sabendo tudo, não! Experimentei tudo em mim mesma, sou do tipo corajosa! Buscadora realmente!

Veja como é engraçado, muita gente acha que só médico entende de seres humanos. Conheço muitos médicos que maltratam a si mesmos e não têm consciência de seu corpo. Por outro lado, existem pessoas que estudam assuntos e se tornam especialistas, autodidatas. Hoje o conhecimento é gratuito e disponível, você pode se especializar no que quiser. Acho isso fascinante! Acho fascinante porque é o meu caso, você já deve ter notado, não é? Fui estudar o que eu queria, no momento que foi preciso!

Portanto, com toda a sinceridade digo que precisamos substituir nossos velhos clichês bestas por outras frases muito mais positivas:

Vamos ver um exemplo:

"Será que eu vou gostar deste(a)?"

Veja, você pode gostar ou não, isso já causa ansiedade. É melhor substituir:

"Como será que é esta pessoa? Gostaria de conhecê-la melhor, perceber onde mora sua beleza e sentir a sua energia."

É muito diferente sair com alguém pretendendo uma relação amorosa estreita e definida ou sair para conhecer e trocar energia com alguém novo e se propor a sentir o outro ser. Os dois são bons. Afinal, pode ser um amor de amizade, ou amor de namoro ou um amor de romance ou um amor de transa. Não é? Basta se abrir para conhecer, apenas isso. Perceber como se comporta cada ser e que proposta ele tem são duas atitudes muito positivas que conduzem, sem dúvida, à felicidade.

Tem gente que nem isso consegue fazer, de tanto medo que tem de ser feliz. Sabia que se as pessoas querem ter mais do que alguns segundos de orgasmo elas precisam treinar? Ninguém aguenta muito prazer, muito amor e muita alegria. A maioria das pessoas se incomoda com isso. Quem quer aumentar seus momentos de prazer, tem de partir para o estudo de si; é de você que você tem de saber, aí moram suas respostas. Esse é o verdadeiro estudo.

Outro tipo de pessoa que vem aparecendo nestes últimos tempos é a que diz: "Quero quem me aceite exatamente como eu sou, não vou mudar". Pronto! Esse é o famoso intransigente.

Imagino que essa pessoa nem tem noção do que está falando. Porque alguém que sempre permanece igual em todas idades não evolui, deve ser uma pessoa muito chata. Qual é a sua idade? Qual é a sua felicidade? Veja que as questões estão totalmente relacionadas à idade. Um jantar longo e dançante não agrada a um jovem, mas agrada a um adulto. Portanto essa frase precisa ser trocada por: "Sou flexível e posso me adaptar a uma relação, tenho vontade e disponibilidade para me aceitar e aceitar o outro, me satisfazer e estar presente". Note que esse estado mental de abertura e disponibilidade para a relação é completamente diferente do outro.

Outra frase típica de quem tem preconceito é a seguinte: "Sei exatamente como é a pessoa que eu quero, por isso logo que vi a foto percebi que não era essa". Além de preconceito, o dono dessa frase está trepando com a ilusão, como eu costumo dizer. Sabe por quê? Porque se a foto tiver uma produção de capa de revista, ele sai com a moça. Mas se a foto não tiver produção, diz que não é a moça que ele quer. Essa deve ser trocada por: "Quero ver se me encaixo com esta nova pessoa, estou curioso(a) para conhecer este novo universo".

Também é engraçado quando o sujeito diz: "Não tenho defeitos graves nem muitos problemas, quero alguém como eu: descomplicado".

Eu acho um barato essa história de uma pessoa com 40 ou 50 anos dizer que não tem problemas, acho que deve estar morta! Ainda não percebeu que a vida é problema! No dia em que acabarem os problemas, acabou a vida. As pessoas passam o dia resolvendo problemas, essa é a vida de todos. Nada melhor que a maturidade de alguém que tem autoconhecimento, veja a diferença: "Conheço meus defeitos, mas reconheço que tenho qualidades para oferecer dentro de uma relação, e posso enfrentar os problemas da vida ao lado de alguém especial".

Outra frase que é muito comum é esta: "Sou seletiva(o) e exigente, será que vocês têm alguém para mim?"

Quanta gente fala isso, não é? Você também já deve ter escutado muita gente falar assim. É preciso dar oportunidade para conhecer as pessoas, esse é o ponto. Depois disso, você pode avaliar se sua exigência é válida ou não.

Se você percebe que está atraindo pessoas que por algum motivo não estão dentro de suas expectativas, eu lanço uma pergunta: "Será que você está querendo alguém além de suas possibilidades reais?"

Aqui vou citar um pouco meu mestre Gurdjieff. Veja que interessante: "Ao homem é dado um número limitado de experiências – se ele não as desperdiçar, prolongará sua vida".

Outra do mesmo mestre: "A esperança inquebrantável é força. A esperança mesclada de dúvida é covardia. A esperança mesclada de temor é fraqueza".

Sinto, nesse caso, que o melhor é ir encontrando os sapos, fazendo a fila andar, com muita esperança, até que, no dia certo e na hora certa, chegue o príncipe ou a princesa! Mas faça a fila andar mesmo, não deixe sua vida emocional para depois porque o tempo passa muito rápido! E, para ter a força da esperança, vamos pensar positivamente. Veja alguns bons pensamentos que você pode adotar, se quiser:

"Vou encontrar alguém legal, vou me dar bem com um ser muito especial, nasci para o amor, quero e posso ser feliz, quero e vou encontrar minha cara-metade, sei que ela existe e está próxima!"

O melhor é pensar que somos seres humanos, por definição diferentes uns dos outros. Outro ponto é perceber se você está se repetindo. A repetição pode ter algum sentido. Porque a gente só passa para um novo tipo de relacionamento quando pega a chave do antigo. Muitas vezes precisamos de três ou quatro relacionamentos parecidos para encontrar um novo. Isso acontece, e muito!

Quando falo "vamos fazer a fila andar", quero dizer que a pessoa para se dar bem na onda amorosa deve entrar nela. Conhecer o mar e sentir o fluxo, aprender o gingado, fazer a dança. Importante é você ir sentindo você mesmo em cada onda e percebendo quando faz sentido e como sente.

Um outro segredo para o bom andamento da vida amorosa é a compreensão quanto às diferenças. Seja tolerante e nunca exija que seu parceiro aja como você acha que ele deve agir.

Bom, eu vi que já dei algumas dicas. Vou repeti-las aqui para ficar mais claro:

Reflita sobre a pergunta fundamental: qual é o meu pedido?

Venha para a onda amorosa depois de ter limpado os porões.

Troque os velhos conceitos por novos.

Pense positivamente.

Ative e exercite a tolerância.

Entenda as diferenças dentro da complementaridade.

Mergulhe na onda amorosa com o objetivo de autoconhecimento.

Nunca exija que as pessoas ajam como você agiria. Somos diferentes, respeite a diversidade do planeta.

Os tipos possíveis de relacionamento

Você quer se relacionar com uma pessoa mais velha do que você, com uma da mesma faixa etária ou com uma mais nova?

Vamos dividir as relações nessas três possibilidades.

Quem embarca na onda amorosa para surfar com alguém bem mais velho está à procura de sabedoria, cuidado, segurança e proteção. Essa pessoa tem um parceiro experiente, que chamo de "tigrão" ou "tigresa", e é normalmente já bem posicionada na vida, com a cabeça direcionada e os objetivos muito bem delineados.

Por outro lado, um parceiro vinte anos mais velho pode ter interesses diferentes e às vezes pouco pique para atividades que exijam algum tipo de esforço físico maior. Além disso, provavelmente já teve outras relações e talvez tenha filhos de outro casamento. Sexualmente falando, também, o casal precisa observar se os interesses de ambos estão bem emparelhados.

Em geral, o cardápio do mais velho já está mais diversificado e as refeições, mais longas. Para refazer as feições, o mais velho precisa de mais tempo. Vamos dizer então que a relação sexual já deve ser mais tântrica, mais longa, entende?

O jogo de poder, em compensação, está muito bem definido. A sabedoria da idade dá grandes vantagens ao mais velho, e o corpo naturalmente plástico e bem disposto dá vantagens ao outro mais jovem. Aqui a troca é de jovialidade por sabedoria. O mais jovem tem o corpo físico em forma e o mais velho, o corpo mental, emocional e às vezes até o espiritual. Em geral, como estamos numa sociedade econômica, o mais velho já teve mais tempo para se estabelecer financeiramente e pode cobrir a dificuldade do mais novo.

Já quem procura um parceiro mais novo, um "anjinho" ou uma "anjinha", está atrás de energia, jovialidade, excitação e potência sexual. Um parceiro mais novo normalmente é mais ativo e flexível. O anjinho e a anjinha também têm a facilidade da flexibilidade, são soltos e pouco cristalizados em conceitos, têm mais facilidade para mudar, menos rigidez.

No entanto, pode ser que ofereça pouca segurança e muita instabilidade. Relacionamentos desse tipo são agitados para o mais velho, que talvez espere um pouco mais de calma. O mais velho deve estar disposto a ser provedor ou provedora, dar experiência, sabedoria, enquanto o outro lhe devolverá jovialidade e energia. Veja, todos os relacionamentos podem ser maravilhosos, depende do freguês! As expectativas e a troca precisam compensar para os dois. A troca tem sete níveis para acontecer, só isso!

O terceiro casamento é entre pessoas da mesma faixa etária (considerando a diferença de dez anos). Nesse caso, o casal quer uma vida de troca e compartilhamento: são "companheiros".

Normalmente ambos têm objetivos comuns e expectativas semelhantes. Dos três tipos, é o que costuma oferecer a maior estabilidade em relação ao tempo de duração. O encontro harmônico de gerações iguais e os objetivos de constituir família formam a base da relação.

Os problemas, quando acontecem, estão justamente no tópico do poder: casais assim devem alternar-se no comando do relacionamento, e, se as regras não ficam claras, um dos dois impõe um sistema que o outro não aceita. Quando apenas um dos dois quer ditar as regras, tornam-se inimigos íntimos, com grandes raivas e ódios sendo cultivados. Normalmente, por fim, quando a relação se torna séria, ambos pretendem uma troca e têm condições de negociá-la, o casamento pode ser muito produtivo.

60 MANUAL DO AMOR

O que mudou nesse último sistema é exatamente essa tal "alternância de poder". Se o homem for um machão tradicional, deve optar por um relacionamento com alguém bem mais jovem para que garanta sempre sua posição de poder. Mas mesmo assim deve saber que, quando menos esperar, pode se ver sozinho novamente, porque a parceira amadureceu e saiu fora da zona de controle. Não importa que só ele seja provedor, atualmente as decisões são partilhadas. A mulher quer ser levada em consideração. Ainda tem muita gente achando que as mulheres são uma bolsa, daquelas que a gente põe no carro e carrega para onde quiser. Principalmente os homens de classe muito alta, com muito dinheiro, costumam agir assim.

Tenho uma moça aqui na agência que conheceu um *multimilionaire* que lhe apresentei, e, quando eles terminaram, ela disse que nunca conseguiu dizer para ele nem "dá para escolher o cineminha?" Ele a colocava no carro e ia andando, nem dizia aonde iam. Dizia, sim, o estilo de roupa que ela devia vestir. Depois passava na casa das pessoas, pegava gente, falava e a levava aos lugares. Eram programas bem legais e tal, só que ela nunca sabia para onde ia nem com quem. De repente se via tendo de conversar a noite inteira com uma esposa chata enquanto ele fazia negócios milionários com o marido da mulher. Quando voltavam para casa, depois de uma noite sem trocar uma palavra com ela, ele estava entusiasmadíssimo com os negócios dele e queria dar uma trepada rápida, tipo galo preto, sabe? Terminaram.

O cara esquecia do corpo mental e emocional das mulheres, estes é que ligariam o corpo físico. Mas talvez nem tivesse acessado os seus próprios, talvez esse fosse o motivo.

Não existem mais muitas mulheres que aceitem ser submissas.

Conforme a bela música folclórica "Teresinha de Jesus", algumas mulheres vivem divididas por uma tríade: muitas querem encontrar um homem três em um, tipo xampu, condicionador e reparador de pontas, sabe?

Veja a letra a seguir:

Teresinha de Jesus,
de uma queda foi ao chão,
acudiram três cavalheiros,
todos de chapéu na mão.

O primeiro foi seu pai,
o segundo seu irmão.
O terceiro foi aquele
a quem ela deu a mão.

Teresinha de Jesus,
levantou-se lá do chão,
e sorrindo disse ao noivo:
eu te dou meu coração.

Você viu o três em um? Pai, irmão e companheiro.

Em geral as mulheres querem um protetor, querem segurança, gostam disso. Principalmente quando querem ter filhos, precisam sustentá-los, pensam, sim, na condição financeira do companheiro que vão encontrar. Hoje em dia, as mulheres dividem com o homem o sustento da família, por isso pensam um pouco menos em receber tudo de alguém e mais em partilhar, somar. Mas a proteção emocional e de força, de ter alguém maior fisicamente, mais alto e mais forte perdura no catálogo mental feminino, vejo claramente isso aqui na agência! Mulheres gostam de homens fortes: física e emocionalmente! Cá entre nós, ter um homem daquele tipo "descontrolado", que fica tendo "piti" por aí, deve ser um porre! Força emocional é autocontrole.

Depois vem o irmão! Ter um irmão com quem a gente se relacione bem é uma delícia! Tenho essa sorte em minha vida, eu e meu irmão nos damos muito bem! Falando em irmão, já casei minha irmã e engatei esse meu irmão querido também. Minha cunhada maravilhosa está completamente integrada em nossa família. Voltando ao nosso assunto, o irmão ou a irmã é aquele pra quem a gente conta tudo, pode falar mesmo o que sente e pensa porque nunca será uma pessoa com quem nos relacionaremos intimamente, não corremos esse risco. Ele nunca estará no nosso público-alvo. Para ele fale tudo o que tem vontade de falar para um homem ou para uma mulher, nem precisa pensar ou medir palavras, ele poderá ser seu amigo, afinal, é seu irmão! É uma delícia!

E o terceiro, hem? Affff! É ele! É este para quem você vai começar dando a mão! Veja que esse companheiro ou companheira para um casamento não é aquele com quem a gente fala pelos cotovelos nem o protetor, o relacionamento é de outra natureza! Ele não é o pai nem o irmão, para ele você vai se dar, começando pela mão.

Vou abrir um parêntese na conversa com os dois sexos para falar com as mulheres: nós temos um ímpeto de querer contar tudo para o marido, que muitas vezes não está interessado... Depois queremos que ele diga: "Fique tranquila porque eu estou aqui e te protejo". Tipo pai. Sonhamos com isso, a maioria de nós. Encontre um pai desse tipo se você precisa dessa proteção, é melhor. Você pode até ter um grande amigo assim, um relacionamento que te supra dessas ingrediências.

Mas o marido muitas vezes surge do nada e quer transar, tem horas que não quer muito papo. É por isso que insisto que a gente aprenda sobre a alimentação de nossos quatro corpos. Porque para nos relacionarmos intimamente precisamos estar num estado positivo, e morrendo de fome não dá. É preciso estar alimentado dos quatro corpos para fazer a troca. Então, meninas, se você precisa conversar muito, estar protegida para se sentir bem, se alimente disso em outro local. Não é preciso esperar tudo de uma pessoa só!

Há quem diga que o homem convida a mulher para sair e promete, depois pede em namoro ou casamento e compromete. Quando casa, submete. De qualquer forma ele sempre mete, né? Ai ai ai, não posso dizer essas brincadeiras aqui, os metidos podem não gostar!

Mas a questão é essa, o marido, aquele que vai ser seu companheiro, não é seu pai nem seu irmão, é uma pessoa com altos e baixos como você e que um dia você vai proteger e no outro ele vai te proteger. É a onda amorosa. A única coisa que você tem de decidir é se quer ficar com a pessoa, e os fatos vão se suceder, altos e baixos em todas as áreas, nas suas e nas dele.

Ah! Antes de continuar, quero deixar esta ideia muito clara: você só vai conseguir um relacionamento sério, seja ele de que tipo for, quando você conseguir ser você mesmo, ou você mesma. A partir daí vai perceber os tipos que atrai e, se não for do seu gosto, vai ter que adaptar a sua personalidade aos seus objetivos. Assim, procure se entender e saber com clareza como você é. Quando encontrar a pessoa que procura, perceba a hora certa para divulgar sua "proposta contratual". A partir dessa reflexão, a vida na onda amorosa torna-se muito mais fácil. Quer algo sério? É preciso autoconhecimento.

Aliás, vem justamente daí, da dificuldade, a famosa reclamação de muitas pessoas: tenho bastante dificuldade para escolher.

ANCORAGEM

Como escolher a pessoa certa?
Evidentemente, eu seria uma enganadora se dissesse que tenho a resposta ideal para essa pergunta. No entanto, acredito que algumas atitudes facilitam muito a escolha.
Dê a você uma vida de que goste. Enriqueça-se como pessoa, tenha conteúdo, densidade, histórias para contar, riscos para dar e alegria de viver. Envolva-se com si mesmo para ter um envolvimento legal com o outro.
Viva as possibilidades que se apresentam para você e aproveite as chaves que a Providência lhe enviou. A pessoa que se aproximou de você neste momento é a certa agora. Tenha isso na sua cabeça. Ela poderá ter a sua próxima chave, para que você mude de fase. A pessoa certa é esta que está ligada em você agora. Essa é a pessoa certa para esse momento, porque é a que você está atraindo!
O que dificulta é pensar se essa é a pessoa certa para a vida toda ou não. Exima-se desse pensamento e viva. Viva a relação e aprenda com ela. Escuto muito a seguinte afirmação: "Só escolho a pessoa errada, sempre". Nesse caso, voltamos àquele ponto dos relacionamentos repetidos. Se você atrai algum tipo de pessoa que julga "errada", vale lembrar que algo dentro de você está em conexão com esses tipos.

Caímos de novo no autoconhecimento, que loucura!

Então, para resumir, a pessoa certa só é certa para você e para o seu momento. Qual é o momento em que você está? Já pensou nisso?

Minha dica é: conheça a pessoa que o universo lhe deu, confie no ser maior e se solte na onda amorosa, pegue essa chave. Não crie obstáculos para o curso da vida, confie no seu pedido e na sua centelha divina! Tenha esperança!

Algumas dicas para momentos de crise no relacionamento

Este livro é um manual para o encontro e a conquista, mas é também um guia para a manutenção do relacionamento, afinal você pode estar no meio de um relacionamento e o *Manual do amor* serve também pra você! Assim, vou deixar agora algumas dicas que podem ajudar a identificar crises em um relacionamento já maduro e o que fazer para contorná-las.

Um relacionamento ideal é aquele em que o casal conversa, e conversa com verso. Assim, podemos partir do diálogo para propor o diagnóstico: se a mulher está falando muito (muito mesmo!) ou o homem está falando pouco (quase nada), algum problema está acontecendo. A mulher fala porque quer se relacionar, e o homem pensa que ela fala porque quer cobrar algo dele ou mandar. Quando ela fala muito, está querendo se relacionar, querendo muito. Está necessitada! Se você não quer falar também, pode abraçá-la e beijá-la e tocá-la, com certeza a língua dela vai se acalmar.

A senha de acesso para o romantismo na mulher é de natureza auditiva, ela precisa ouvir coisas, criar arquivos mentais. Essa é uma preparação para o sexo, já que o sexo é mental. O homem, por outro lado, tem a senha de acesso sexual de natureza visual, e para ele conquistar precisa falar. Passar a cantada. Para ser conquistado, precisa gostar do visual da mulher. Isso significa que as mulheres devem sempre usar aquele *baby-doll* fofo e insinuante, ou aquele conjunto de calcinha e sutiã que as deixam modeladas, bem gostosas!

E, sexualmente falando, a mulher recebe, o homem oferece. Mas são elas que se dão, porque o ninho é delas. O homem fala e a mulher ouve. Mulheres adoram ouvir homens, pena que às vezes eles falem tão pouco! Se a mulher está falando muito, significa que está com algum tipo de problema. O homem que está muito calado, também.

Cuidado, não confunda o que estou dizendo: existem homens mais quietos e mulheres mais falantes. O que eu digo é um desvio do normal de cada pessoa: se um homem que costuma ser calado está ainda mais quieto, ou se uma mulher falante está verdadeiramente "tagarela", então algo acontece. Mas é claro que existem homens mais calados e mulheres mais falantes. O segredo é observar uma variação excessiva. As mulheres se relacionam pela fala, lembre-se.

Outra dica, aliás muito ligada à anterior, diz tudo sobre um relacionamento, guarde isso consigo para sempre: a mulher sonha, o homem realiza. Assim, se você é homem, procure perguntar os desejos da mulher e tente, na medida do possível, realizá-los. Além disso, converse com ela, tranquilize-a e tenha sempre algo doce para desarmar. Por sua vez, se você é mulher, expresse para o seu parceiro as suas vontades e mostre-se fisicamente, vista-se para ele, desfile para ele. Saiba calar e o escute!

Também convém relatar que as relações humanas têm suas fases: primavera, verão, outono e inverno. Nem sempre você estará transando superbem e frequentemente, existem variações, são as estações. Tem épocas que a vida social de vocês está ótima, tem épocas que é a familiar, tem época que é a sexual, outros tempos são de grande amizade e apoio. Esses elementos se alternam, existem altos e baixos, como em tudo.

Nesse caso, o melhor é aproveitar o que é bom e gostoso de cada fase e ir trabalhando com amor o que está faltando naquele momento, para que apareça na próxima! Aproveite a onda amorosa como ela se apresenta, aceite! A relação é uma cadeia de fazer e desfazer, um contínuo aprendizado. Percebo que a dificuldade dos casais é imaginar que o casamento é sexo apenas ou só agitação social junto com uma boa cama. Tem momentos que nenhuma dessas coisas está rolando, mas outras estão surgindo.

Esse assunto se parece com a história dos corpos, dos quatro corpos de que falamos no primeiro capítulo. Se levarmos em conta apenas o corpo físico, o casamento pode não estar bom em alguns momentos e você achar erroneamente que ele acabou. Temos os quatro corpos (físico, emocional, mental e espiritual) e às vezes um formato relacional acaba, para ser transformado radicalmente, transmutado.

Acho mesmo que na atualidade só ficam juntos os casais que resolveram isso antes do casamento, que combinaram ser cúmplices fazendo a história da vida e da família. É que, se for para separar porque falta algo, sempre vai ter motivo.

Mas existem relações que acabam mesmo, porque o amor acabou, a tolerância de um para com o outro se esgotou. Missão cumprida. O bom é notar que se esgotou é porque consumiu. De novo voltamos ao autoconhecimento. Precisamos também notar a qualidade dos programas que estamos instalando em relação ao(à) parceiro(a). No caso, os programas negativos podem disparar uma bomba-relógio a longo prazo.

Dizem que um homem demora sete anos para conhecer o corpo de uma mulher, mais sete para conhecer a mente e outros sete para conhecer o espírito. Portanto são 21 anos para conhecer sua cara-

-metade, e depois? Imagine depois desses 21 anos o poder que você pode exercer sobre sua cara-metade em prol da relação de vocês? Maravilhoso, não é?

Podemos dizer que o amor físico, que é muito bom, vai depender da polaridade dos corpos envolvidos, já que ele é de natureza apenas física. Às vezes ele é completamente emocional, e quando acontece assim, de disparar os cavalos, provoca o contrário. E na maioria dos casos e das pessoas, é assim que acontece. Posso dizer que é difícil para a maioria sair desse formato puramente emocional! Transmutar isso internamente é um trabalho complexo! Para o amor chegar a ser consciente é um trabalho interno e individual. Cada um tem de fazer seu próprio diagnóstico (ou pedir uma ajudinha a um bom profissional) e ver a que distância está dessa possibilidade! E então se propor a cavalgar nesse caminho. E no momento em que o amor começar a ser consciente, vai despertar um mesmo tipo de afeto em resposta. Esse seria o melhor formato. Veja que esse formato é para poucos e bons, né?

Temos aqui uma boa notícia! Podemos mudar nosso relacionamento a partir de nós mesmos! Quando começamos a nos interessar pela relação nos sete níveis, sempre queremos crescer com nosso parceiro ou parceira. Mas a boa notícia é: transforme você e o outro será transformado! De fato é o que sempre acontece! Portanto, se você quer transformar a relação, comece transformando você mesmo!

Para que isso aconteça, a pergunta certa poderia ser: como eu me relaciono comigo? Como está o meu relacionamento? Pois dessa forma vou também me relacionar com o outro. Veja este exemplo: se eu não faço o que quero e tenho vontade, não admito que o outro faça também. Se eu vivo nesse autoflagelo, quero que o outro também mostre seu amor por mim dessa maneira, porque essa é minha linguagem, o meu jeito de lidar comigo mesmo. Mas, por outro lado, se eu gosto de mim, me respeito e dou a meu corpo e a minha mente e espírito as comidas boas e certas, vou querer proporcionar isso ao outro também.

O melhor é ter humildade para notar que sempre estamos mancos de uma perna, porque na onda da vida é impossível estar ganhando sempre e em tudo, a tempestade e a bonança se alternam neste mundo de dualidade em que vivemos.

Um assunto sério e importante:
desejos têm limites!

Antes de continuar, quero parar um pouquinho para discutir um assunto importante, diretamente relacionado ao que eu afirmei acima. Como vínhamos dizendo desde o capítulo anterior, é preciso ser realista nas escolhas para conseguir uma boa vida na onda amorosa. A propósito, o realismo é importante em qualquer fase do relacionamento. A mulher, portanto, não deve exigir do parceiro mais do que ele pode dar. Isso em qualquer aspecto da vida a dois. Uma exigência muito grande pode demonstrar incompreensão e falta de tolerância. O homem pode se sentir frustrado e o relacionamento começar a se deteriorar. O inverso também é verdadeiro, ou seja, o homem não deve ser exigente além das possibilidades da parceira!

Os desejos, num relacionamento já instituído, podem levar a grandes frustrações, até porque quem vive desejando está sempre fora do momento presente. A pessoa está sempre desejando algo, se projetando no futuro, no amanhã, e a gente só pode ser feliz no presente. Ser presente, estar presente! A felicidade, para acontecer, só sendo um modo de vida, uma decisão íntima e não uma constante satisfação de desejos. Feliz é quem está na sua idade, dentro do que é possível e consegue ser presente, estar no presente e com sensibilidade.

Falo, inclusive, de desejos sexuais. O sexo é uma dança, uma comunhão. Se um dos dois não está se sentindo bem, algum problema existe. Certa vez, eu soube de um casal que adorava uma pedrinha de gelo no momento da transa. Algum problema? É claro que não, só delícia. No entanto, o cara foi perdendo as estribeiras e, no final, começou a querer que sua parceira entrasse em uma banheira cheia de gelo.

A questão é simples: se o sexo não agrada a ambos, não está sendo feito de uma maneira conveniente para aquele tipo de relacionamento. Atenção: nenhum dos parceiros tem de "aguentar" nada. Ou há uma comunhão, ou deve existir o diálogo.

Do mesmo jeito, um relacionamento que envolve violência física – isso significa um homem que bate em uma mulher ou vice-versa – é sadomasoquista e para a maioria das pessoas é totalmente doentio, não tem graça! Mas se os dois estão felizes assim, nada mal. Cabe dizer que uma mulher que se expõe a isso e aceita vive um relacionamento arriscado.

Inclusive, falando em violência contra a mulher, minha mãe fundou o SOS Ação Mulher e Família, uma ONG de Campinas mantida pela Universidade Estadual de Campinas (Unicamp) com o objetivo de acolher as mulheres vítimas de espancamentos e violência doméstica. Uma loucura! É um trabalho de psicólogas e advogadas pelo bem da vítima e de seus filhos, uma ajuda real: psicológica e jurídica. Incrível é o medo que elas têm do agressor. Incrível é notar que para haver agressor é preciso haver o agredido. É uma relação de duas pontas, uma atrai a outra, se merecem. Quando uma muda, a outra se transforma também.

O melhor caminho é mesmo a cartilha do SOS: a procura de um tratamento psicológico e, também, da justiça. As mulheres têm os mesmos direitos que os homens na sociedade e em nenhuma hipótese podem ser vítimas de violência. Além de tudo, o homem que bate em uma mulher não passa de um covarde. De macho, não tem nada.

Veja que entramos aqui nas questões de sensibilidade, se é preciso tanto toque e com tanta intensidade, apanhar para ter satisfação, ou bater, a sensibilidade foi para as cucuias. Parece que quanto mais leve o toque, mais profundo se torna o amor, mais sutil e prazeroso. Portanto, variar a intensidade do toque em cada transa pode ser muito bom.

Também temos o assunto da sensibilidade na atualidade, falando nos "ficantes", naqueles que transam com novos parceiros a cada dia. Será que esse pessoal está se desenvolvendo sensivelmente? Ou está apenas na superfície dos desejos? Acredito que para que você perceba que "hoje a uva está muito doce" você deve comer uva outros dias e estar sensível a esse gosto, não é? Mas, se cada dia você come uma fruta diferente, fica difícil notar as variações da uva. A sensibilidade é uma questão de aprofundamento; para isso é preciso tempo, troca, muita relação, eu acredito nisso! Será que você compartilha da minha opinião?

Uma dica importante:
as ofertas precisam estar claras

Falo sempre: contratos claros!

Cada uma das pessoas envolvidas em uma relação tem a sua própria possibilidade e também as suas próprias expectativas. É corriqueiro atendermos pessoas que dizem: "O que eu quero? O normal, o que todo mundo quer, você sabe!"

Mas quando vamos de fato traçar o perfil pessoal e o perfil procurado, vemos que aquele ser é único e diferente! Mas todos a princípio querem se sentir no conforto do "normal", das multidões! Muitos têm dificuldade de se diferenciar. E eu sempre digo: "Seja diferente!"

Tenho um casal formado porque ela colocou na ficha que adorava e sabia fazer carneiro como ninguém, e quando o cara viu, se encantou! Depois disse: "Quero que ela faça este carneiro pra mim, quero ver se é melhor que o meu!"

De fato, ele acabou se apaixonando pelo carneiro dela e ela, pelo dele!

É absolutamente fundamental para o bom andamento de uma relação que as expectativas e as possibilidades de cada um dos parceiros estejam bem claras. Clareza e honestidade costumam evitar mal-entendidos e frustrações.

Percebo que na atualidade existem muitos tipos de contratos entre os casais, e muito diferentes dos que existiam vinte anos atrás, quando me estabeleci (comecei intuitivamente bem antes) nesse ramo! Um exemplo é o aumento do número de casais que não querem ter filhos. Atualmente temos homens e mulheres assim. Já conheci casais que se separaram por esse motivo. O homem queria ter filhos e a mulher, não. Quando é o contrário, ou seja, ele que não quer, ela fica grávida e pronto! Nem sei se é o melhor ou não, depende da relação! Mas quando nasce o bebê, ele baba! Em geral se apaixona pela criança e pronto! É o milagre da vida que dá o seu recado! Mas se é a mulher que não quer, não tem saída.

Por isso aqui em nosso sistema isso não acontece, perguntamos antes, para felicidade dos pombinhos. Mas existem outros tipos de acordos entre as partes, esses todos atuais que envolvem sistemas financeiros, de fidelidade e emocionais. Cabe a cada um propor o acordo que lhe convém e ver se o outro aceita ou não. O problema é partir para um casamento sem ter as regras claras, porque depois embola. Hoje em dia existem muitas possibilidades, o melhor é saber o que a mente do seu companheiro leva, antes que você resolva levá-lo para as núpcias.

Quero encerrar este capítulo com uma história linda que aconteceu na minha agência. Os dois já tinham passado por outros relacionamentos e sabiam bem o que queriam. Gente decidida!

Luís se inscreveu em Campinas e Marina, em São Paulo. Ele, empresário, muito bonito, simpático, espiritualizado e culto. Ela, vendedora, boazuda, linda e falante. Luís se inscreveu, e quando apresentei as fotos da segunda seleção de candidatas (ele já tinha conhecido, sem envolvimento, outras três mulheres), pegou a foto dela e disse:

● – Eu vou falar para você desta moça. Sonho com ela faz dois anos. Nunca te falei isso antes porque você acharia loucura! Ela é solteira, só tem irmãos homens e é vendedora, e também acho que não mora aqui na cidade. 🔑 Eu pedi muito para que a Providência me desse uma luz de onde poderia encontrar esta pessoa com quem sonho, abri o jornal naquele dia e encontrei você, numa página inteira falando de relacionamentos e de sua agência. Nunca tinha pensado nisso antes, mas considerei um sinal.

Eu pensei: "Meu Deus, que orquestração perfeita do universo, que prazer servir de mediadora. Uma sinfonia, uma sintonia!"

Consultamos a moça, que teria seu primeiro encontro pela agência, e ela gostou muito do perfil dele e disse que havia feito um pedido:

– Queria um homem que já tivesse vindo de um casamento e que tivesse amadurecido e entendesse melhor as mulheres. Que precisava, sim, ser bonito, que gostasse de dançar, porque valorizo isso, e que tivesse uma condição financeira razoável e que quisesse ter filhos, porque sou doida para ter um. Adorei o perfil dele, será que vai dar certo com o primeiro? Será muita sorte, é melhor não me iludir, né?

● Eles se falaram e parecia que já se conheciam, nossa, ficaram horas ao telefone, a conversa foi solta e natural. Aliás, até a voz um do outro eles pensaram já ter ouvido alguma vez. Para Luís, o som da voz de Marina era leve, cheio de tonalidades doces e muito meigo. Lembrou-lhe, imaginem vocês, o barulho do mar de uma praia onde ele sempre ia passar os verões quando era criança. Marina achou a voz dele sóbria, segura e muito equilibrada. Luís combinou de buscá-la em casa para saírem para jantar e dançar. "Ela adora dançar", pensou!

Quando Luís chegou, ela ainda não estava pronta, porque já tinha trocado de roupa quinhentas vezes, aquela coisa toda. Imaginava-o olhando para o vestidinho preto e fazia uma careta. Colocava o conjunto lilás e nada. A saia azul com a blusinha branca não combinava. Sem falar no sapato, tinha tantos e nenhum parecia adequado para um homem daqueles. E olha que ainda nem o conhecia. A mãe dela abriu a porta e ficou impressionada com o moço. Achou-o lindo e muito educado, simpático, e teve a impressão de que já o conhecia de algum lugar. Que voz era aquela, meu Deus, pensou a senhora. Sim, ela já tinha ouvido aquela voz em algum lugar. Até a mãe da Marina sentiu um friozinho na espinha.

Foi até o quarto e falou:

– Marina, o homem é lindo, educado e acho que você vai casar com ele!

– Pelo amor de Deus, mãe, já estou nervosa, você ainda me fala uma coisa dessas. Não consigo pôr os brincos de tanta tremedeira! Ai, meu Deus, mãe, vai lá ficar na sala com ele, deixa eu me arrumar, não estou conseguindo, já errei o risco do lápis no olho cinco vezes, vai pra lá.

Claro que a mãe da Marina foi, pois também estava encantada com o Luís. E se ele falasse mais, teria a chance de tentar descobrir onde tinha ouvido aquela voz. Teria sido na praia?

Marina conseguiu se arrumar e saiu do quarto, chegou à sala e foram embora. 🔴 Quando ela o olhou, acalmou-se inexplicavelmente. 💡 Saíram e se encantaram mais ainda. Enquanto um falava, o outro parecia navegar naquela voz maravilhosa. Marina ouviu a voz de um homem equilibrado e sério, Luís ouvia uma moça dócil e meiga. Quando criou coragem, Luís perguntou se ela conhecia a praia tal, mas não falou que estava com aquela dúvida por causa da voz. Marina disse que tinha esse nome porque a mãe adorava o mar. E de repente Luís se sentiu transportado para a praia de sua infância e em poucos segundos imaginou se, enquanto brincava na areia, não tinha por ali uma garotinha brincando também.

O mar daquela praia sempre foi tão calmo...

Eles se casaram em seis meses, não tinham o que esperar. Eu e meu marido fomos padrinhos desse belo enlace. Ela ficou grávida logo, uns três meses depois de casada. A lua de mel os dois passaram... em uma praia do Nordeste! Sem falar que depois de muito procurar Luís conseguiu comprar uma casa bem perto daquela praia cujo som é igualzinho ao da voz da mulher dele. Já fomos lá algumas vezes.

Até hoje um se encanta com a voz do outro. Quando Marina o chama pelo nome (e com isso acende a chama!), Luís se sente subitamente feliz e mais apaixonado. Faz quinze anos que eles são casados; hoje em dia somos muito amigos, nós e nossos filhos.

– 4 –

A zona

> "Aquilo que denominamos parte é apenas um padrão
> numa teia inseparável de relações."
>
> Fritjof Capra

Há algum tempo, chegou à minha agência um homem de 40 anos, completamente arrasado por causa da separação. Depois de quinze anos e quatro filhos, a esposa tinha decidido terminar o casamento. Na véspera, os dois haviam assinado os papéis.

Apesar da tristeza e do abatimento, Roberto estava determinado a não se deixar vencer pelo desânimo e não queria, de jeito nenhum, ficar sozinho. Executivo de uma multinacional, tinha ficado os últimos anos preocupado com o trabalho. Quando não estava no trabalho, dormia e ficava na frente da TV, sempre em casa perto de seus filhos e de sua esposa. Ele imaginava que estava próximo da família, mas não era o que a família pensava.

Quando a esposa deu o ultimato, sem querer ouvi-lo, ele perdeu a fala e levou tudo sem diálogo até o final. Uma parte do seu mundo, então, tinha desaparecido e ele estava completamente perdido.

Conversamos um pouco e notei que Roberto era um homem seguro, maduro e decidido. Ele mesmo, aliás, tinha noção de seu problema: como esteve esses anos todos vivendo apenas para o trabalho, tornara-se um homem sem vida social. Onde, então, ele poderia conhecer outra pessoa? Seus lugares de contato eram reduzidíssimos.

Além disso, seus amigos continuavam casados e todos, como ele, trabalhavam demais. Nem sequer alguém disponível para ajudá-lo naquela situação difícil ele tinha. Sobre isso, inclusive, ele me falou uma coisa encantadora: "Agora vejo que fui me desligando de minha esposa sem perceber. Preciso aprender a me relacionar de novo com as mulheres e quero que as mulheres cuidem de mim e me ajudem a ficar bem".

Ele estava bastante consciente de suas dificuldades com relação aos lugares e ao cultivo das relações. Expliquei que iríamos ser claros com a pretendente escolhida e que em nosso sistema ele deveria conhecer uma pessoa de cada vez. Ele concordou, disse que também iria ser claro e aberto, dizer qual era o seu momento. Adorei aquele homem ético e transparente! Na verdade, ele não tinha aonde ir. Apesar disso, estava disposto a conversar e conhecer pessoas interessantes, uma de cada vez. Se precisasse, ele podia ir dançar, ou assistir a mostras de filmes franceses, ou ir a todas as feiras de artesanato da cidade, ou ir a exposições de gatos e até visitar as plantações de flores de Holambra. Queria ter companhia!

Simpático, logo atraiu a atenção de algumas mulheres e, aos poucos, começou a frequentar lugares diferentes. No primeiro encontro, logo se deu bem com uma campineira cinco anos mais nova que ele, estilista, e os dois começaram a sair frequentemente para dançar. Enquanto isso, o trauma da separação diminuía. Apesar de terem vivido uma ótima amizade, um interesse mais íntimo não aconteceu.

Simpático daquele jeito, logo se deu bem com uma professora de matemática que lutava judô e começou a frequentar as academias da cidade. Com um ânimo impressionante, levava para cima e para baixo a lutadora. Em um campeonato, chegou até a ser advertido pelos juízes por causa do barulho que fazia na torcida. Inclusive, sua empresa adotou práticas de competições esportivas para funcionários num programa de endomarketing. Isso tudo porque ele percebeu a preparação mental de alguém que tem de vencer os próprios limites e competir. Ele estava crescendo internamente.

Depois de alguns campeonatos (inclusive um terceiro lugar), os dois viram que, apesar de se darem muito bem, o namoro não tinha a magia necessária para continuar. Mesmo assim ele ainda foi torcer por ela várias vezes.

A essa altura ele já estava recuperado do trauma da separação, sentia-se forte, atraente e feliz. Já dançava muito bem e fazia sua atividade física diariamente. Conhecia diversos lugares, tinha feito novas amizades e podia escolher o programa do fim de semana. Tinha opções!

Roberto conheceu Ana Carolina depois de sair com mais três mulheres. Procurou, dispôs-se a navegar na onda amorosa, foi paciente e aberto até que finalmente encontrou a pessoa certa. Ana estava comigo havia oito meses e tinha ingressado na agência para ver se fugia dos encontros que seu pai tinha mania de marcar. Ele não se conformava de ver a filha sozinha e sempre arrumava alguém para apresentar a ela. Apesar da boa vontade do pai, nenhum deles, porém, saiu da conversa inicial. Com 36 anos, ela comandava com competência a cozinha de um dos melhores restaurantes de Campinas. Posso dizer porque já experimentei: ninguém prepara um tagliatelle com escargot e shiitake melhor do que ela!

Quando se encontraram pela primeira vez, ele pediu a ela uma dica de restaurante. Ela escolheu muito bem: coincidentemente, o restaurante de que ele mais gostava na cidade. Aliás, quando chegaram, ela percebeu que o *maître* o conhecia, ele era um *habitué* da casa. Aquilo a animou. Ela optou por um prato que ele nunca tinha notado naquele cardápio que tanto conhecia. Jantaram juntos, o sabor do prato tinha um certo mistério, ele não podia imaginar todos os temperos que continha. Ela foi explicando os sabores e os saberes dela na culinária e ele foi se abstraindo da voz dela e fitando apenas aquela bela imagem... ⚓ Voou para bem longe com aqueles olhos vivos e aquela boca sedutora e apetitosa. Começou a sentir sabores em sua boca e imaginar os sabores dela, queria beijá-la! Precisava beijá-la!

Conseguiu beijá-la na saída do restaurante enquanto esperavam o carro. Foi um sabor fantástico!

O encontro seguinte seria no trabalho dela. Ela gostaria que ele conhecesse o restaurante em que trabalhava, e ele ficou de fato muito impressionado quando entrou pela primeira vez naquela cozinha gigantesca. Ele não sabia que um restaurante precisava de uma organização tão grande. Desde os primeiros dias, deu a maior força para ela ir adiante com os seus planos de fazer pós-graduação em gastronomia.

Não demorou muito para que os dois misturassem completamente os hábitos. Roberto levou-a aos lugares que estava frequentando e ela o apresentou a novos ambientes. Quando finalmente ela foi conhecer o apartamento dele, surpresa! Ele morava no apartamento do pai dela! Ele era o inquilino que o pai tanto queria apresentar! Ela gelou! O pai daquela vez tinha razão, e ela não acreditou! Precisou entrar na agência para conhecer o tal inquilino, brincadeira!

Quando ela contou em casa que estava namorando o "inquilino", o pai não se conteve de alegria! Foi uma festa! Quando me contou que Roberto era o inquilino, rimos muito. Comentei com ela que o mesmo problema que o pai cupido enfrentou eu também enfrento no meu trabalho. Vou apresentando pessoas e num momento a moça ou o rapaz pegam o jeito da coisa, a onda cresce e se forma. Daí, antes de estourar, a pessoa desiste! É uma tristeza! Foi o que aconteceu com o pai dela. Ele apresentou um monte de sapos para ela e eu apresentei o príncipe!

O namoro dos dois foi de vento em popa e a alimentação dele se tornou balanceada. Finalmente ele passou a ter verduras e frutas em sua geladeira. Ela cozinhava frequentemente para eles. Roberto foi pego pelo estômago, literalmente! Como o trauma da separação já tinha passado completamente, Roberto estava preparado para um novo relacionamento. Ele tinha razão: as mulheres (mas também aquele ânimo magnífico) ajudaram-no muito.

Enfim, Roberto e Ana Carolina estão casados há muitos anos e já tiveram dois filhos. Na última vez que conversei com eles, estavam pensando em abrir um restaurante juntos. A propósito, restaurantes são ótimos lugares para um primeiro encontro!

Agora, vamos conversar um pouco sobre os lugares em que o encontro pode acontecer. É claro que, dependendo da ocasião e da situação, o tipo de relacionamento que pode surgir é diferente. Alguns lugares e situações facilitam o encontro. Outros, porém, podem ser pouco favoráveis para o surgimento de um relacionamento sério.

Como ficou claro no caso do Roberto, é preciso que as pessoas tenham alguns lugares para frequentar. Do contrário, fica difícil o encontro acontecer. Não estou dizendo que existam lugares preestabelecidos. Aliás, acho mesmo que "tudo é zona" onde o amor pode surgir. O que estou querendo dizer é que alguns ambientes parecem favorecer a explosão do *big bang*.

Antigamente, três lugares eram os principais: a família, a igreja e a escola. Dois deles, porém, perderam importância: a família já não é um espaço de convívio amplo e a igreja, muito menos. Apenas a escola – no caso, é claro, dos mais jovens – continua sendo um lugar especial para encontrar a alma gêmea.

Aliás, uma parte grande dos encontros que se transformam em casamentos entre pessoas mais jovens acontece entre colegas de faculdade. Isso é porque, além do intenso convívio social, as pessoas que estão ali costumam ter afinidades. Ah! Guarde essa palavra para um pouco adiante: afinidade.

Um preconceito empresarial:
não se relacionar no trabalho

Todo mundo já deve ter ouvido falar do famoso ditado: "Onde se ganha o pão, não se come a carne". Ele quer dizer simplesmente que o trabalho não é um lugar adequado para o *big bang* amoroso. Infelizmente, essa crença perdura até hoje na maioria das empresas. Pessoas que namoram colegas de trabalho são malvistas, ficam estigmatizadas e, em muitas empresas, são demitidas.

É uma pena que muitas empresas ainda cultivem essa visão, pois o local de trabalho muitas vezes reúne pessoas com alguma afinidade e, por causa do convívio, é um excelente espaço para conhecer possíveis parceiros. Se a relação não atrapalha o andamento do serviço, não vejo problema nenhum em namorar um ou uma colega.

Se não houvesse o preconceito que impede o amor no ambiente de trabalho, também não haveria o assédio e suas terríveis consequências. Por isso, impedir o amor é o pior negócio. Em qualquer lugar!

Esse preconceito, aliás, gera uma situação terrível: sendo o trabalho um lugar vedado a compromissos, o que ocorre (já que onde há muitos seres humanos existe inevitavelmente muita energia represada) é o romance rápido. O relacionamento rápido e sem profundidade, que não pode dar lugar ao amor, porque "teríamos de contar para todo mundo do trabalho".

Desse jeito, colaboramos para o aumento do universo dos "ficantes". Não sou muito favorável a essa prática. Você pode me achar careta, mas vou explicar o motivo. Percebo que a chama viva, a essência maior do amor, está em todos e posso ver em cada um a beleza divina. Quando o toque e o carinho começam, a divindade vê então a oportunidade de que o grande amor se revele e envia uma mensagem ao mental. Esse mental tem ideias de amor infinito, porque o ponto universal, essa centelha divina, é ativado. Os dois ficantes sentem isso e abafam, porque é apenas para ficar. Mas, se isso passa a se repetir sempre, a sensibilidade vai diminuindo.

Chega-se ao ponto de não conseguir mais sentir, porque treinou tanto para não sentir que já não sente. Isso costuma deixar a pessoa insensível e traumatizada além de ferir demais. A sensibilidade deve ser cultivada, é preciso se propor ao aprofundamento, aprofundar relações e internalizar. Sentir o mundo interno, acessar o íntimo para ficar ótimo!

Quando não está ótimo é porque a ferida das emoções está aberta, e a pessoa machucada se torna mais agressiva, pois quer se proteger. As feridas precisam estar curadas para atrair um novo amor.

QUEM QUER COMPROMISSO NÃO PROCURA NA NOITE

Bom, já que estamos falando dos lugares inconvenientes para a onda amorosa e a explosão do *big bang*, preciso falar de um importante: a noite. Ninguém vai a uma balada ou fica horas com os amigos em um bar procurando um compromisso duradouro e profundo. A noite esconde as pessoas, não revela a totalidade e não permite que os parceiros se conheçam com sinceridade. Percebo que os homens desconfiam das mulheres que conhecem na noite, isso é um fato. Uma pena, mas ainda é assim!

Claro, sair para dançar é um excelente programa, mas achar a alma gêmea no salão é realmente difícil. Com a moda da "ficada", alguns lugares se tornaram palco do relacionamento rápido e superficial. A noite é esse lugar por excelência. O que está rolando na noite são os famosos relacionamentos *fast-food*.

Aliás, depois de uma "ficada" normalmente as pessoas se sentem mal e se arrependem. Não são poucos os casos daqueles que voltam a procurar a outra pessoa e se deparam com um homem casado, com uma noiva ou com alguém que nem sequer lembra o que aconteceu na noite anterior. Inclusive garotas de programa estão misturadas nos ambientes mais requintados da noite!

Para evitar a frustração, o ideal é procurar afinidades. Quem está atrás de um relacionamento sério não deve sair se expondo na noite. O resultado poderá ser ruim.

Os novos lugares de encontro

Com o afastamento da igreja e do trabalho como os principais lugares para o possível encontro com a alma gêmea, novos espaços surgiram. Vou discutir um pouquinho cada um deles e, quando for importante, deixar algumas dicas de comportamento e de como agir em algumas possíveis situações.

Internet

Atualmente a internet se tornou um espaço privilegiado para que as pessoas se conheçam e se encontrem. Todo mundo conhece alguém que achou a namorada na rede. Como existem milhares de sites especializados em encontros, escolha um com o qual você se identifique. Quem pretende entrar na onda amorosa usando a internet não deve aventurar-se por sites que não são seguros.

Como a internet esconde um pouco as pessoas no início, o ideal é que a troca de informações seja honesta: nunca manipule as suas características ou invente uma pessoa que você não é. Qualquer mentira criará expectativas falsas na outra pessoa e quando houver finalmente um encontro, os mal-entendidos podem ser muito constrangedores. Por isso, aja com clareza e peça que a outra pessoa também aja assim. Outra dica importante é quanto ao telefone. Desconfie de quem passa apenas o telefone celular: é provável que essa pessoa seja comprometida ou tenha algum impedimento para uma relação mais séria. Peça sempre o telefone residencial.

Por fim, normalmente depois de algum contato pela internet e pelo correio eletrônico, peça uma foto atualizada da pessoa antes de marcar um encontro. A situação é estranha e talvez envolva algum risco, porque nunca se conhece exatamente com quem se estava teclando. Por isso, marque sempre encontros durante o dia e em lugares públicos e movimentados. Uma boa ideia é levar uma amiga ou algum parente que possa ficar sentado em um lugar próximo e ver se tudo está correndo bem. Nesses casos deve-se combinar um sinal de comunicação. Existem muitos casos de gangues que utilizam a internet para cometer loucuras com pessoas que estão com as melhores intenções. Temos muitas histórias para contar de cadastrados que antes de nos encontrarem se decepcionaram com o ciberespaço. Atenção e cuidado!

Os grupos de afinidade

Quando falo em grupos de afinidade, estou pensando em reuniões de pessoas que se encontram para discutir um determinado assunto de interesse comum ou praticar alguma atividade interessante para todos. Trata-se do cineclube da cidade, do grupo de leitura de poesia, da academia, das feiras de animais ou de qualquer outro tipo de reunião temática.

Esses lugares são bons porque juntam pessoas com alguma afinidade. Como todo mundo está ali exclusivamente porque gosta, a energia costuma ser muito positiva e as pessoas sempre estão alegres, o que favorece muito o *big bang* amoroso.

E como eu já disse e vou repetir muitas vezes: apenas uma afinidade inicial é suficiente para unir um casal! Assim, um homem e uma mulher podem ser muito diferentes, mas, se gostarem de feiras de antiguidades, podem se dar bem pelo resto da vida. Já vi muitos casos assim! O que parece muito diferente pode ser um forte ponto de contato!

Por isso, se você está atrás de sua alma gêmea, procure frequentar lugares em que as coisas de que você gosta estejam no centro das atenções. Gosta de esportes? Entre para um clube. Tem interesse por pintura? Vá fazer um curso. Quer aprender francês? Nada de ficar estudando sozinho em casa...

Festas de casamento

As festas de casamento são um lugar mágico. O clima de festa amorosa deixa as pessoas alegres e bem dispostas para elas mesmas mergulharem na onda amorosa. Normalmente alguns grupos se juntam e aproximações sempre acontecem.

Como você já deve ter percebido, valorizo muito a alegria e a satisfação para o encontro amoroso. É verdade! Pessoas felizes costumam estar muito mais bem preparadas para o amor e sempre estão mais dispostas a encontrar e conhecer novas pessoas. Além disso, quem quer aquela pessoa triste, de cara fechada e que está sempre resmungando?

Portanto, não perca a próxima festa de casamento da sua prima do interior e arrume-se do melhor jeito possível para as suas próximas festas! De repente é em uma delas que o seu próprio casamento pode começar a aparecer. Como nesses lugares a família costuma estar toda reunida, você já começa vendo a cara da futura sogra ou do futuro sogro!

Apresentação de amigos

As apresentações de amigos também cumprem muito bem o papel de aproximar as pessoas. Se existe uma amizade em comum, evidentemente há aí alguma afinidade. Além de tudo, os amigos costumam "sentir" quando duas pessoas podem dar certo. Sem dúvida você já ouviu alguém te dizendo: "Nossa, eu tenho certeza de que você vai se dar bem com aquela pessoa!"

No entanto, é importante observar algo: a crítica. Os amigos não devem ficar falando mal do ou da pretendente. Ninguém deve sair-se com frases como as seguintes:

"Olha, ele é muito legal, mas vou te dizer uma coisa, tem uns defeitos..."

"Conheço o Marco, ele seria ótimo para você, mas tome cuidado com a mania dele de..."

"Sabe, eu achei que você sempre se daria bem com a Aninha, mas fica de olho porque ela..."

Essa mania de criticar que tomou conta do mundo atualmente é a direção contrária do amor. Por isso recomendo: não fique queimando o filme dos seus amigos ou amigas para os possíveis pretendentes e tente agir sempre com muita positividade.

Tenho uma "brincadeira" para mulheres, veja se você gosta: junte um grupo de amigas, quatro ou mais. Faça um encontro com elas e combine que todas irão colocar na "roda" o nome de três ou quatro rapazes que conhecem e acham legal e estão sozinhos e disponíveis.

Cada uma deve escrever o nome dos rapazes que conhece em papeizinhos. Juntem todos e misturem. Dividam os papéis entre vocês, e a pessoa que pegou o papel deve ser apresentada ao rapaz que apareceu. Se você pegou três papéis, deve colocar em ordem de preferência os nomes. Apenas pelo nome, porque você não sabe quem é. Então a pessoa que conhece o rapaz deverá sair com você e com ele para fazer a apresentação.

A moça que vai fazer a apresentação deve convidar o rapaz sem dizer nada sobre a amiga, apenas convide para um programa de que ele goste e ela aparece. Se o lance rolar, diga que tocou o celular e vá embora. Se não rolar, se mantenha firme até o fim, sem nunca dizer nada!

Para entrar nessa roda de apresentações, todas as moças devem ter em mente que existe uma ética, um contrato:

- Só coloque o nome de rapazes por quem você não está apaixonada e nem a fim de se vincular, tenha certeza disso;
- Você deve primeiro apresentar o pretendente a alguma moça, para depois ser apresentada a alguém, dar para depois receber;

- Nunca fale muito de um para o outro, seja neutra e natural, sempre;
- Acredite que o amor está no ar e você pode ter sua veia de cupido e de sorte no amor;
- Conheça apenas uma pessoa de cada vez e espere terminar a possibilidade de um engate para tentar o próximo;
- Sigilo total até o fim da vida: uma de vocês poderá se casar, e essa história não deverá ser divulgada para o moçoilo;
- Leve a sério, todas devem assumir verbalmente que querem um relacionamento sério, é um pacto!

Agora imagine se você fizer a "roda de apresentações" entre cinco mulheres e cada uma colocar cinco homens disponíveis, você conhecerá cinco novas pessoas, cinco novos universos e provavelmente alguma de vocês vai clicar com alguém definitivamente. Prepare-se, pode ser você! Mas pode não ser, e, de qualquer forma, vibre com isso, quem divulga o amor está mais perto dele!

Agências de encontro

Por muito tempo, as agências de encontro foram estigmatizadas no Brasil. Seriam lugares a que apenas pessoas que já fracassaram demais na onda amorosa recorreriam. Isso é, evidentemente, uma bobagem, e hoje em dia não pode existir nada mais fora da realidade. Na minha agência, todas as semanas recebo pessoas bonitas, saudáveis e cheias de vida, procurando simplesmente um lugar a mais (e com características muito especiais) para tentar encontrar sua alma gêmea.

Na Europa, nos Estados Unidos e no Japão, as agências de encontro são tradicionais e existem já há muitas décadas. Os motivos para que alguém procure uma agência de encontros são muitos, desde falta de tempo até indisposição para a caçada sem nenhuma garantia. Outros são segurança em conhecer pessoas compatíveis, vontade de encontrar pessoas com os mesmos objetivos etc. Você já deve ter percebido que o preconceito é inimigo do amor.

Por isso, não sinta vergonha nenhuma e, se julgar importante e útil, procure uma agência. Procure uma empresa que tenha um sistema seguro de documentação de todos os inscritos e que os conheça pessoalmente. Inclusive, caso tenha vergonha, peça sigilo.

Mas, evidentemente, como no caso da internet, muitos aventureiros estão na praça. Vá então sempre atrás de referências e tome cuidado com quem oferece milagres ou soluções muito fáceis. O amor exige cultivo e não é descartável. Por isso, procure agências confiáveis e bem estabelecidas no mercado. Nossa empresa, a A2Encontros, é a pioneira no Brasil para pessoas de classe média, média alta e alta e atualmente a maior do país, presente em muitos estados brasileiros.

Com essas dicas, pretendo ter passado para o leitor um bom número de informações sobre "a zona" onde o encontro amoroso pode acontecer. Vale lembrar que antes de qualquer coisa para acertar é preciso errar. Permaneça fixado (ou fixada!) no seu objetivo e vá à luta. É preciso suceder para ter sucesso, experimente.

Agora vou narrar um outro caso muito legal que aconteceu na minha agência e tem tudo a ver com este capítulo!

Uma vez, um homem de 40 anos, muito bem vestido e educado, procurou minha agência depois de ter sofrido uma desilusão amorosa grave e até mesmo um tanto bizarra. Havia conhecido uma garota lindíssima em uma boate e, após duas ou três saídas, começaram a namorar. Como é frequente nos relacionamentos estáveis, criaram alguns hábitos: o principal era que sempre ele apanhava a garota na casa da mãe dela.

Durante três meses, namoraram saindo para dançar, indo a bares e restaurantes. Naturalmente, logo começaram a estender o programa até os melhores motéis de Campinas. Em um belo dia, Gustavo (era esse o nome dele) foi trocar de carro e, na concessionária, saiu para fazer o *test--drive* acompanhado pelo próprio dono da loja. Duas esquinas à frente, o cara viu uma gostosona parada no farol esperando para atravessar e comentou com Gustavo:

– Olha ali a esposa do meu amigo. Está sozinha de novo. Eu vivo falando que ele viaja tanto que não vai demorar para tomar um chifre.

Bom, eu sempre digo: cuidado, o acaso existe e o azar também. É lógico que você já percebeu que era ela, a namorada do Gustavo. Arrasado, ele nem quis mais continuar o *test-drive*. Claro que aquele carro não servia mais...

Depois que o choque passou, ele foi conversar com a garota e ela confirmou que era mesmo casada com um empresário. Como Gustavo já tinha 40 anos, ela achou que ele não estava querendo nada além de um relacionamento intenso e carnal.

Que nada, Gustavo queria casar e ter filhos.

Meio arrasado, ele me procurou e logo entrou no sistema da minha agência. Saiu com muitas, muitas mulheres. Posso dizer que Gustavo foi um desses que realmente experimentou.

No entanto, ele não se acertava com ninguém. Logo no primeiro encontro, via que as coisas não dariam certo e se oferecia para rachar a conta. Não existe coisa mais segura para afugentar uma mulher do que isso!

Chamei-o para outra conversa e ele me disse, depois de me ouvir, que achava que ainda não estava preparado para um relacionamento mais íntimo. Então, expliquei que por três motivos ele estava sendo incoerente: a) ele estava usando os serviços de uma agência de encontros que reúne pessoas que estão à procura de relacionamentos sérios; b) ele estava passando para as pessoas uma péssima imagem de si mesmo. E cultivar uma imagem ruim é um mau negócio: a gente nunca sabe com quem vai topar amanhã ou depois; e c) estava agindo sem nenhuma ética, o que significa que também não receberia um tratamento ético, porque sumia e não terminava as relações claramente.

Gustavo, que de burro não tinha nada, concordou e pediu um tempo para pensar. Na semana seguinte, voltou dizendo que tinha refletido e que queria refazer o próprio perfil e ter mais uma chance. Como eu sabia que ele era um ótimo sujeito (apenas meio confuso), esforcei-me na nova seleção que mandei para ele. Gustavo se encantou com Lúcia, uma garota de 32 anos que estava terminando o mestrado em ciências sociais. Ela tinha qualidades incríveis, mas o que o atraiu mesmo foi uma característica específica do perfil: ela gostava muito de vôlei de praia e ele gostaria de voltar a praticar.

Ele logo telefonou e os dois resolveram marcar um encontro em um hotel de Ubatuba, onde, eles sabiam, havia alguns torneios amadores de vôlei de praia. Enfim, na primeira vez que eles se viram, estavam vestidos para uma partida e Lúcia não foi nada boba ao escolher o biquíni: colocou um modelo fantástico, que exibia o corpo sem perder a discrição. Ele quase não conseguia acertar a bola, e ficava só olhando para a penugem rala que ela tinha nas pernas e no abdômen, um negócio que sempre lhe dera tesão.

Depois da partida (enfrentaram um casal que estava hospedado no hotel), os dois foram tomar sorvete e passearam pela praia até o pôr do sol. No meio do caminho já estavam de mãos dadas e no meio da noite telefonaram para a recepção dizendo que queriam um quarto de casal.

Quando voltou daquele fim de semana fascinante e sexual, ele esteve comigo em meu escritório. Estava inseguro porque ela transava muito bem. "Será que eu estou à altura dela?", "Será que ela teve muitos parceiros?", "Será que ela é séria?", "Será que não é fiel?"

Estava ansioso e inseguro! O sabotador dele estava ligado a todo o vapor, e imagine que poderoso! Um sabotador robusto mesmo! Pude acalmá-lo temporariamente divulgando os dados descritivos do "perfil procurado" do cadastro dela. Ele se encaixava como uma luva no que ela queria! Ufa! Expliquei sobre seu sabotador e disse que, se ele não conseguisse desligar o bichinho sozinho, seria melhor procurar um analista! Porque com técnicas específicas seria muito mais fácil! Não é mais necessário sofrer tanto atualmente!

Depois de um ano de namoro e já noivos, vieram ao nosso escritório pegar toda a documentação e fotos. Queriam o descadastramento, levantar definitivamente a ficha de nosso arquivo e nos convidar para o casamento. ◖ Quando pegamos todo o material dos dois, notamos que tinham se inscrito no mesmo dia, exatamente na mesma data! Apenas os horários eram diferentes! Depois disso, frequentaram dois *workshops* para casais da www.ulumi.com.br. Aprenderam o relacionamento nos sete níveis e acabaram se casando.

Bom, Gustavo continua diariamente admirando a penugem rala das pernas e do abdômen da Lúcia, que, esperta, se faz de desentendida. A cada quinze dias os dois vão jogar vôlei de praia no litoral. Quando Lúcia coloca aquele biquíni, Gustavo perde todas as partidas.

Missão cumprida, cupida.

– 5 –
Preparar

"Em essência, nossos corpos são compostos de energia e informação, não de matéria sólida. [...] A bioquímica do corpo é um produto da consciência. Crenças, pensamentos e emoções criam reações químicas que sustentam a vida de cada célula. [...] A percepção parece ser automática, mas na verdade é um fenômeno aprendido. Se mudar a percepção, você mudará a experiência do seu corpo e do seu mundo."

Deepak Chopra

Como se preparar para o amor, chamar sua alma gêmea e estar pronto para entrar novamente na onda amorosa? Como se preparar para esse encontro de energias, de polaridades, de planetas e de órbitas? Como preparar os quatro corpos para o encontro com os quatro do outro? Como fazer para que essa turma de oito se envolva harmoniosamente?

Mas, antes de qualquer coisa, vamos conhecer uma história para refletir sobre isso.

Alfredo apareceu na minha agência se dizendo preparado para um relacionamento. Jovial e falante, apresentou-se: 38 anos, dono de uma rede de transportadoras rodoviárias, vida financeira boa e estabilizada. Um partidão, se dizia!

Quando fez o pedido, lá foi: uma moça jovem, um brotinho, simpática, risonha e principalmente sapeca. Olhei para ele espantada e ouvi aquilo mesmo: quero uma menina sapeca.

Perguntei o que ele entendia por "sapeca", já pensando aqui com os meus botões e as minhas palavras que a tal história da sapeca ia terminar em... sapo.

Claro, a sapeca, na cabeça dele, é uma jovenzinha alegre, que gosta de sair, de passear, dá risada, senta no colo e adora transar. Além disso, no menu sapeca estava incluída uma característica interessante: a sapeca é uma moça que conhece os lugares legais para passear, os *points*.

Como tinha dedicado muito tempo à vida profissional, Alfredo não conhecia muito bem os lugares. Queria alguém que o apresentasse à farra.

Antes de terminar a primeira entrevista (eu já estava vendo que seriam várias...), perguntei por que ele se considerava preparado para ter um caso com alguém e, ainda mais, com uma "moça sapeca". A resposta foi típica:

– Ué, minha situação financeira é excelente!

Que coisa, quantos não são os homens que acham que vão entrar na onda amorosa por causa da carteira?! O homem relaciona a potência sexual ao sucesso na vida socioeconômica. Esqueçam, meus caros, só dinheiro não é suficiente para a conquista.

Marquei a entrevista dele com a psicóloga. Aos poucos, fomos conseguindo fazê-lo revelar seus pontos amorosos e entender que tinha também doçura e carinho para oferecer. Além disso, pedi para que ele transformasse seu visual: roupas que caíssem melhor, um pouco de etiqueta para o primeiro encontro e, sobretudo, que conseguisse despertar na mulher o lado "moça sapeca". Aos poucos ele foi entendendo que o mercado que o aceitaria com as suas características era outro. Quando ele tinha evoluído, mas ainda não o bastante, marcamos um primeiro encontro.

A moça morava em uma cidade próxima a Campinas e trabalhava como veterinária em algumas fazendas da região. Além disso, tinha saído de um casamento de cinco anos, era emocionalmente madura e muito equilibrada. Não tinha nada de sapeca, mas a essa altura Alfredo já tinha conseguido entender um pouco mais sobre as particularidades femininas.

Ainda assim, não estava completamente preparado e me aprontou uma sucessão de besteiras, um verdadeiro show de horrores. Como o carro quebrou, pediu para a moça ir buscá-lo na rodoviária... Besteira um. Os dois jantaram na cidade dela, mas como não tinha ônibus, ele precisaria reservar um hotel. Não reservou, e quando chegou o hotel estava cheio. Besteira dois. Pediu então para ela pegar a estrada e levá-lo a um hotel de uma cidade próxima. Besteira três. A única pousada da cidade vizinha também estava cheia por causa de um casamento. Então Alfredo pediu para a moça, e isso já era uma da manhã, levá-lo para Campinas. Besteira quatro.

Obviamente ela nunca mais quis vê-lo.

Depois de várias outras sessões de auxílio, Alfredo parecia realmente preparado. ● Foi quando apareceu no sistema uma moça fisicamente muito parecida com ele. Achei inclusive que pudessem ser parentes. Analisei os dados e vi que não, eram muito distantes um do outro.

Resolvi aproximá-los e a ideia foi perfeita: os dois se harmonizavam. A semelhança física os atraiu. Parecia que os dois já se conheciam havia muitos anos, tinham olhos de lua, bem profundos. Por causa da semelhança, apareceu o sentimento de familiaridade. E um pouco depois, evidentemente, o amor.

Este capítulo é um dos mais importantes: vou falar um pouco do estado ideal de preparação para o mergulho na onda amorosa. Muitas pessoas não conseguem ter sucesso no amor porque começam do jeito errado e sempre estão despreparadas. É preciso preparar-se!

Por isso, antes de entrar no capítulo, eu deixo um primeiro conselho: resolva, nem que seja apenas internamente, as pendências e os traumas anteriores. Você precisa entrar na onda amorosa completamente livre!

Tem gente que está freneticamente na onda amorosa, que fica com todo mundo e pensa que no meio dessa loucura um príncipe ou uma princesa poderá aparecer e fazer parar a roda. O que eu tenho para dizer nesse caso é que, em geral, as coisas são exatamente o contrário. Você deve fazer parar a roda primeiro, para então a pessoa certa aparecer. É preciso limpar os porões e o terreno, enterrar os defuntos e fantasmas, sentir-se com o coração livre! Ninguém senta em banco ocupado! E principalmente os homens têm um faro incrível para essas situações! As mulheres têm o mesmo faro, mas só depois do relacionamento instituído. Estou falando da maioria, pode não ser o seu caso, mas perceba se é ou não.

Para coração ocupado não aparece pretendente, é dar murro em ponta de faca! Cabe a nós termos consciência de nossos sentimentos.

Por outro lado, tem gente que não faz nenhum movimento em direção à onda amorosa, que simplesmente quer que algo aconteça, mas se enfia no trabalho durante doze horas por dia. Está fugindo do quê? De encontrar alguém que valha a pena? Medo de se relacionar? De cair de amor? Despencar do salto? Quem nunca implorou pelo amor alheio que atire a primeira pedra. Este não viveu, está morto! Graças aos deuses existem pessoas para serem flechadas pelos cupidos de plantão, porque há outras que não querem mais saber de amor. Novidade dos tempos atuais, é verdade!

Vocês não imaginam quantas pessoas, homens e mulheres, têm mais tesão em ganhar dinheiro do que em ter amor e sexo com alguém. O número já é bastante grande! Essas pessoas, em sua maioria, têm bastante dinheiro porque trabalham muito. Têm verdadeiro tesão pelo trabalho, usam a energia sexual para essa finalidade, desviaram a energia. São cheias de razão, egocêntricas, cristalizadas e bastante egoístas.

No caso das mulheres, chamo-as de "cabeça"! Estão desconectadas do coração, são extremamente mentais! Muitas dessas, quando resolvem procriar, têm dificuldades. Mas quando os filhos nascem, também têm dificuldades! Não são raras as que deixam rapidamente os filhos com alguém e voltam à zona de conforto, o meio comercial, o serviço! Filhos dão trabalho e ocupação, tiram a gente de nossos hábitos para atendermos às necessidades deles, exigem doação. Mas é difícil esperar o tempo do filho, tem de ficar doando muito, ninguém mais quer, já inventaram o micro-ondas, não é? O negócio hoje é a "toque de caixa!"

Ser aberta, acolhedora e receptiva é característica positiva da mulher. Ser cavalheiro e gentil com as mulheres é característica positiva do homem. Veja que é importante ser. Para ter alguém é preciso ser, ter a si mesmo em primeiro lugar. Em tendo eu, posso entender você. Será que eu me entendo ou quero disfarçar que já não ligo para aquela pessoa mas passo o dia todo pensando nela? Montando arquivos positivos de cor, som, intensidade e imagens fantásticos? Nesse caso estarei trepando com a ilusão. Com a mente cheia desses arquivos é difícil ter lugar para novos filmes, pelo menos ser inteiro num filme novo, não é?

Por outro lado, se você ainda gosta de alguém o melhor é mesmo se declarar e saber o que vai rolar, adiantar a vida. Amor platônico é muito sofrimento e pode virar doença! Mas, se for de fato o fim, aceite e assuma o luto!

O fim de uma relação:
todos passamos por um luto

"Que adianta extinguir grandes ódios,
Quando ficam ressentimentos?
Como remediar isso?
Cumpre teu dever e esquece teus direitos.
Quem se guia pela voz da consciência
Só atende à voz do dever
E não insiste em seus direitos.
Os poderes eternos não têm favoritos,
Mas favorecem sempre os bons."

Lao-Tsé

Quando um relacionamento termina, as pessoas inevitavelmente ficam afetadas. Chamo essa fase de "luto". Todos nós, com intensidades diferentes, passamos por isso. Aliás, nem é bom esconder o luto ou as sensações debaixo do tapete: isso pode fazer mal. Quem passa pelas fases do luto sempre se recupera da perda e consegue iniciar novos relacionamentos. Inclusive, quando uma das fases é abafada propositadamente, é possível que o relacionamento seguinte seja afetado. Por isso, preste bastante atenção para as fases do luto e, se a sua relação de fato acabou, cuide-se para, depois de algum tempo, poder viver outra de um jeito saudável e gostoso. Vamos ver as fases mais comuns do "luto".

A ansiedade

Normalmente a pessoa fica tomada por certa ansiedade pela volta. Essa ansiedade vem da dúvida: "Será que ele ou ela vai me procurar? Vai ter volta?" A pessoa espera uma ligação ou fica à espreita para ver se será procurada. Mas o melhor mesmo é certificar-se de que o relacionamento acabou. Aceite que aquilo findou. Se você souber que não é o eleito ou a eleita, vai entrar para o processo de recuperação e não ficará nessa dualidade que traz a ansiedade. É melhor ter uma notícia verdadeira do que ficar sonhando e aumentando a ilusão. Tome uma decisão para sair da ansiedade. Ou vai ou racha. Do contrário poderá investir anos em "possibilidades"... Veja que outro ponto nessa teia de relações é notar que de fato não há separações, continuamos no mesmo planeta e tomando os mesmos raios solares e dependendo da mesma energia cósmica e telúrica que o outro. A troca continua existindo, a troca energética, isto é um fato real e quântico! Portanto não sofra tanto com o fim, porque o mundo dá muitas voltas. Também percebo que nessa fase muita gente fica com uns sapos engolidos e não fala para o outro. É a pior viagem. O melhor é olhar nos olhos e dizer, fazer com que se cumpra a missão do encontro, falar até esvaziar, fazer aparecer o motivo, a chave da relação. Se você tiver a chave do encontro, poderá notar quando o motivo da existência daquela conexão acabou. Porque as órbitas se cruzaram, estiveram no mesmo passo e passaram. Uma foi para um lado, outra para o outro. Outro ponto é que em geral as coisas terminam conforme começaram. Se você conseguir terminar com clareza, expondo seus sentimentos, grande chance terá de ter um novo relacionamento bem claro! Limpo!

A deprê

Logo que uma relação termina, a pessoa fica deprimida, ainda mais se não foi ela quem tomou a iniciativa. É uma fase muito difícil, em que a pessoa se sente muito mal, literalmente com uma dor no peito, um sentimento de vazio e uma enorme vontade de não sair do lugar. A energia vital parece ter desaparecido. Nessa fase é preciso ser forte e manter a cabeça no lugar. A pessoa pode conversar com os amigos e tentar se distrair. Mas há quem diga que o melhor para não entrar na deprê total é malhar! Suar até que a energia do outro saia pelos poros! Se o outro está arraigado ao seu ser e você não consegue expulsá-lo, a malhação total pode ser uma ideia legal! Além de saudável, você ainda fica em forma para a próxima vez! Para as mulheres que realmente colocam o homem para dentro delas, precisa mesmo tirar aquela energia toda das entranhas! Mas se aquecer ao sol também ajuda, esquenta mesmo sem amor, esquenta a pele, os órgãos e traz energia solar, muito bom!

Por outro lado, quem nunca levou um pé na...? Eita, como dói! E o que fazer com aquele monte de arquivos mentais maravilhosos da pessoa, tantos filmes? Bem na hora que a gente está lá em cima, vem o outro e puxa o tapete! O mundo caiu! Em geral outras coisas caem também, é um rolo compressor, o começo da linha. O novelo inteiro virá.

Quanta gente se separa de um casamento de vinte anos e entra numa derrocada financeira, quebra a perna, o nariz, torce o tornozelo e tal? Rola queda em todos os corpos, porque estavam envolvidos até o último fio de cabelo!

Mas como na vida podemos aprender pelo amor ou pela dor, essa é uma grande oportunidade para aprender. Aprender que todo mundo cai, que todo mundo pode cair. Então ser humilde é ser humano. Depois tem as chaves que vão aparecendo, fichas caindo e um monte de erros que cometemos, tudo pode passar para a consciência se você se permitir ficar deprê mesmo e se fechar um pouco em casa e chorar até aliviar o coração. Melhor do que ter um infarto, não é? Acredito que quem está nessa fase precisa ter consciência dos corpos para se recuperar melhor. Lembrando deles, lembramos que precisamos alimentá-los para continuar vivos. Malhar e alimentar o físico, meditar e rezar para engordar o espiritual, trabalhar e ler para o mental, mas e o emocional? Este agora está faminto, necessitado! Saber disso é uma grande ajuda na sua performance. Portanto, para não ficar com fome emocional e começar a querer comer qualquer comida estragada por aí e enganar seu estômago emocional, alimente-se todos os dias. Retorne ao colo da mãe ou da irmã ou do irmão ou da família. Ou entre num grupo de terapia do abraço, biodança, grupos terapêuticos nos sete níveis, aulas ulumi, *workshops* das deusas ou mesmo o *workshop* Cara--metade. Sair faminto emocionalmente na rua pode ser um desastre. Veja lá:

"Pode-se postular uma cadeia biológica partindo da privação emocional e sensorial, passando pela apatia e pelas mudanças degenerativas, até a morte. Neste sentido, a fome de estímulos tem a mesma relação com a sobrevivência do organismo humano que a fome da comida." (Wilhelm Reich, *A função do orgasmo*.)

O conformismo

Você já sabe que a relação não vai se restabelecer e que precisa retornar à vida normal sem ela. Essa fase costuma ser reflexiva: colocar a vida na balança, acalmar, refletir sobre as atitudes e traçar planos, então perceber o vazio. Perceber o fundo do poço pode ser bom, porque bate no fundo e volta. Volta para a energia, para a vida. Porque também a fase "masô" deve ter fim. Masoquismo tem limite, depois disso aparece o amor-próprio! Encontrar o amor por si mesmo e lavar a cara,

A gandaia (ou desforra)

Algumas pessoas, após um final de relacionamento, costumam ter uma fase de farra. É quando saem com os amigos e procuram relações rápidas, sem profundidade ou compromisso. Essa fase é de ponta, a pessoa sai da abstinência de parceiro e entra na pluralidade, coleciona casos. É um momento cheio de energia. Às vezes as pessoas acreditam que com isso estão se vingando da pessoa que terminou com elas. Além disso, essa fase pode trazer problemas, já que muitas vezes o parceiro para o relacionamento rápido da fase da gandaia não deseja exatamente isso. Se você está procurando coisa séria, cuidado para não se deparar com um lobo ou uma loba famintos por aí, é perigo total. Isso só é prazeroso se os lobos se encontram, a loba e o lobo, e se devoram, trepam com a ilusão e com as mágoas, dores e lágrimas! Já existem mulheres com energia yang que conseguem curtir sexo sem amor. Isso não é apenas "privilégio" dos homens. Nesses períodos ocorrem grandes paixões, desejos de posse e ciúmes.

O equilíbrio

Esta é a fase em que a pessoa de fato se recupera do relacionamento terminado. Fica tranquila, sem depressão nem farra, com os sentimentos arrumados e a vida organizada. As reflexões estão maduras e a vida já tomou um rumo certo. Em geral aqui aparece a consciência das coincidências. Os porquês do encontro com aquela pessoa que se foi, os motivos da atração e a conexão que gerou, o que mudou. Nessa fase ficar só e centrado é delicioso, ter consciência de como se está internamente. Até porque o amor aparece e desarruma tudo! Se fosse numa casa, seria um vendaval que deixa as coisas no ar, suspensas. Então devagar as coisas na casa vão caindo nos espaços vazios e fazendo uma nova decoração, vão se organizando. Quando o outro se retirou, você estava com a casa arrumada para viver junto com ele. E só nesse momento do luto, quando você está equilibrado, é que percebe onde estão as coisas, e até nota algumas de que você tinha se esquecido ou perdido de vista. Você não lembrava mais daquele CD de que gostava, daquele livro, daquele seriado da TV, porque o outro não curtia. Retome. Pegue essas coisas e lustre-as, você vai se sentir melhor! Por outro lado, você pode reorganizar tudo, deixar de outro modo, para receber uma nova visita! Arrume a casa e os armários, jogue tudo o que é velho fora. Acenda as velas e a lareira, o fogo é transformador e o amor é quente!

A preparação

Agora, passadas as outras fases, podemos nos arrumar para um novo relacionamento. Muitas vezes é um momento de passagem, em que o antigo já está cicatrizado, os ganhos foram internalizados e podemos encontrar uma nova pessoa, quem sabe a última da fila! De novo, vamos entrar na onda amorosa! Preparar é muito importante, você deve fazer seu pedido nesta fase, não se esqueça disso. Sintonize seu interior na energia que você quer atrair. Por exemplo, se você quer atrair uma pessoa sensual, seja atraente, desenvolva sua sexualidade. Se quer atrair alguém dinâmico, dinamize um pouco seu ritmo. Entre no fluxo que pretende, tente! Outra dica para se preparar é aproveitar a vida por inteiro, ou seja, estar com os quatro corpos em forma: físico, mental, emocional e espiritual. Para o físico, atividade física! Você pode fazer uma caminhada ou alguma atividade física de que goste por mais de quarenta minutos. As endorfinas colaboram com o seu humor, tente, você vai gostar! O corpo mental você já utiliza no trabalho, mas pode brincar de palavras cruzadas, ler, jogar batalha naval ou jogo da memória! Para refazer o emocional: para os homens, torcer pelo time, dar uns gritos pode dar uma aliviada nas tensões emocionais, soltar os bichos. Para as mulheres, chorar num filme romântico também tem esse efeito. O espiritual pede uma oração, um rito, um ritual. Portanto, volte-se para o seu ritmo, faça as coisas no seu tempo. Essa conexão espiritual pode e deve ser fortalecida. Inclusive quero falar sobre a religiosidade. Sempre estou falando sobre isso e as pessoas devem se perguntar qual a minha religião e tal. Ser religiosa para mim é um estilo de vida, perceber-se parte do universo e respeitar toda a criação, tentar ao máximo caminhar sem deixar pegadas, marcas nos outros. Deixar só o perfume da beleza e não ferir. Como uma borboleta! Percebo quanto é difícil essa atitude, mas, como estou sempre em busca de melhorar, nunca perco a esperança!

Obviamente, algumas pessoas passam mais rapidamente por uma fase do luto e outras se estendem por muito mais tempo. Em geral, as mulheres costumam sofrer um pouco mais, até porque, em todos os sentidos, costumam internalizar as relações. Mas não existe uma regra geral. O importante é passar pelas fases de maneira saudável para depois conseguir de novo estabelecer uma relação. O luto, por pior que seja, é muito necessário!

Agora que você já viu as características do luto, pode ver por quais você geralmente passa ou não e qual é o seu jeitão. Mas se você ainda estiver de luto, perceba que está pela metade. Sua outra metade ainda está vibrando na magia do antigo relacionamento. Portanto, é melhor esperar para atrair outra relação, do contrário encontrará alguém também dividido, com fantasmas do passado. Lé com lé, cré com cré. A gente só atrai pessoas com a mesma energia que a gente. Por isso não fica bem cuspir no prato que comeu, porque os dois comeram juntos. Você se misturou àquela energia por um tempo e pegou aquilo para você, serviu.

Mas existe o luto de quem chutou, não é? Quem nunca deu um pé na b... e se sentiu mal? Queria amar aquela pessoa e não conseguia? Era a pessoa perfeita? Por que a gente não se apaixona pela pessoa perfeita? Nesse caso, o melhor é sair fora e rezar para que a outra pessoa consiga ultrapassar a má fase de luto, rezar para que encontre alguém que a ame. Não fique próximo da pessoa porque será mais difícil para ela, suma! Dê um tempo para que a pessoa pare de ter arquivos mentais a seu respeito!

E quanto ao problema de não se apaixonar pelo que é perfeito, consulte seus arquivos internos, isso é que é preciso!

Mas se você já se livrou do passado e se sente com o coração livre, prepare-se, você pode chamar seu novo amor e isso você já viu no capítulo anterior. Mas se o pedido já funcionou e você conheceu alguém especial, aqui vão algumas dicas para a preparação para o primeiro encontro.

Quem deve marcar o primeiro encontro?

Sem dúvida, o homem deve tomar a iniciativa. Porque o homem tem de querer a mulher. Lembra que as vovós diziam: "Case com um homem que goste mais de você do que você dele"? Pura sabedoria. Porque a mulher lua é de fases, um dia gosta, outro não. O homem sol, constante, gosta todos os dias.

Mas quando as coisas estão no início, a mulher deve aprender o sentido da espera. Ser discreta e paciente, esperando o telefonema do homem. Se ficar preocupada e ansiosa com a demora dele, aprenda a trabalhar isso desde o começo. Respeitar o tempo dele é necessário. Vá para a academia, leia um bom livro, envolva-se em outras coisas enriquecedoras.

Muitas vezes, os homens se atrapalham com o trabalho, não conseguem acertar os horários e terminam demorando um pouco para fazer contato.

Não podemos esquecer, é claro, a ansiedade e a insegurança deles. Pode acreditar: o homem também se prepara para o primeiro encontro. Já ouvi casos de homens que iam até para a malhação, e com isso atrasavam em uma semana a ligação.

Portanto, queridas amigas, não adianta implicar com o tempo deles logo de cara. Homens têm um tempo mental e mulheres, outro. A mulher quer que o homem ligue logo, rápido. Os homens têm outro tempo. Entender isso e saber esperar é um treinamento que você vai utilizar durante toda a sua vida relacional. Você está se preparando, acredite! O homem telefona para a mulher quando ele tem em sua agenda um momento para encontrá-la pessoalmente. Ele não liga para conversar, ele liga para vê-la, encontrar. Por isso muitas vezes demora.

Como se arrumar

O amor é delicado e precisa de tempo e cuidado. Comece preparando-se.

A mulher deve fazer todo o ritual de sua toalete calmamente e durante esse tempo ir falando com o homem, como se ele estivesse ali. Esta prática consegue harmonizar as energias. Dance e fale com ele, imagine que ele está ali vendo você.

O homem deve ensaiar seu *speech*, seu discurso, e treinar suas histórias e poesias em frente ao espelho. Cantar, ativar a voz do verbo e se fortalecer fisicamente.

Quem deve escolher o lugar?

Como tenho dito, não existem soluções prontas. Normalmente, o homem sonda as preferências da mulher (que deve deixar bem claros seus gostos) e, a partir delas, procura o lugar. O homem deve levar a mulher a um lugar que ele já conhece, para se sentir seguro e decidido; mulheres gostam de homens decididos. A mulher gosta de ser conduzida a um restaurante que ele já conhece, ela se sente segura assim. Mas, para que você não corra o risco de levar uma vegetariana a uma churrascaria, pergunte as preferências da candidata claramente.

Vale aquela dica, se ainda não conhece a pessoa muito bem, convide para uma *happy hour* para depois esticar um jantar. Se tudo estiver correndo bem ainda podem dançar, depois comer uma sopa na madrugada e tal.

O ideal é um lugar onde se possa comer. A explicação disso é simples: cada um deve observar para saber "como o outro come" e tentar entrar no mesmo ritmo. Se misturou na mesa, deve misturar na cama.

O lugar precisa ser agradável para os dois. No entanto, tenho outra dica importante: fuja de locais onde possa acontecer um encontro com conhecidos. É péssimo, principalmente quando um clima está rolando, aparecer aquele tio chato, o amigo do futebol ou a irmã carregando as duas sobrinhas. Tem de ser um lugar onde conhecidos realmente não apareceriam.

Ao escolher, o homem deve estar atento para suas possibilidades financeiras já que, inevitavelmente, é ele quem deve pagar essa primeira conta. Sempre!

E qual é o horário ideal?

Sem nenhuma dúvida, o primeiro encontro deve ser marcado no fim da tarde, durante a *happy hour*. Se as coisas funcionarem e o "papo" fluir bem, há tempo para que o encontro se estenda. Do contrário, se houver algum mico, se os gostos não baterem ou se nada der certo, esse horário possibilita muitas desculpas: "Tenho de jantar com a minha mãe", "fiquei de buscar meu sobrinho no futebol" ou "marquei de ajudar meu vizinho a mudar o piano de lugar".

Veja que nesse horário existem várias dicas a serem observadas. Você pode notar como ele ou ela chega depois de um dia de trabalho, em que estado emocional. Talvez seja preciso falar um pouco do trabalho para depois mudar de assunto, para que seja feita a transição emocional.

O homem deve chegar antes da mulher, portanto é melhor se adiantar dez minutos e acompanhar toda a dança, ver se ela é pontual ou se atrasa, ir conhecendo a mulher desde o primeiro momento. Veja bem: conhecer e observar, não julgar nem criticar!

Qual a melhor roupa para o primeiro encontro?

A mulher deve sem dúvida ir de saia e com os cabelos soltos. Minha experiência demonstra que esse traje é o que mais agrada aos homens. Veja se você pode usar saias. Uma dica que aprendi na Itália é sobre as meias finas. Vou ensinar: se você tiver as pernas com manchas, varizes ou celulite, coloque uma meia elástica cor da pele e por cima uma meia fina preta transparente.Você ficará com as pernas lindas.Você também pode comprar as meias que diminuem a barriga e aumentam o bumbum. A saia não pode ser tão curta que apareça a calcinha, portanto dois dedos acima do joelho bastam. A roupa deve ser discreta, mas precisa ser um modelo que possibilite algum tipo de "demonstração". Para ser clara: a mulher precisa aparecer para o homem! Mas vamos devagar, algum recato sempre é importante. Aqui é preciso saber muito bem dosar as coisas. Por falar nisso, existe uma dica muito útil: quem mostra em cima esconde embaixo. Quem esconde em cima mostra embaixo. Assim, uma blusinha mais decotada pede uma saia longa e uma minissaia exige uma blusa mais discreta.

Assim sendo, para o primeiro encontro, valorize o seu ponto mais forte, o que você tem de mais bonito. Se forem os seios, decote neles! Se for o bumbum ou as pernas: saias. O que não estiver legal, esconda!

Quanto à maquiagem, use batom seco; se precisar passar base, não pode ser uma base que se note. A base deve ser daquela que parece um creme e desaparece na pele. Lápis nos olhos e um pouco de sombra podem ser aconselháveis, se você souber usar e tiver prática de se apresentar assim. Entenda que a maquiagem deve ressaltar o rosto, os traços bonitos que você tem.

Quando estive no Marrocos, comprei uma maquiagem muito legal. O princípio de maquiagem deles é sexual e religioso. Eles maquiam a mulher para parecer que ela está excitada sexualmente. Os pós são misturados com água, mas fica tudo seco e não sai facilmente, demora uns dias. Basicamente usam batom e um pouco de *blush* nas maçãs do rosto, um avermelhado. Note que depois de uma sessão sexual das boas você fica com a boca mais vermelha e as maçãs do rosto mais coradas mesmo. Mas cuidado com os excessos! Não vá com aquele ruge vermelhão na bochecha que o moço se assusta com tanto fogo explícito! Afff!

Você conhece as magias de Cleópatra? São muito interessantes. Ministro o *workshop* Deusa Divina baseado nesse conhecimento, que tem grande profundidade e faz sentido. Você pode se aprofundar na magia feminina e desenvolver mais ainda a sua, venha conosco!

Outra dica que tenho a dar é em relação ao salto alto. Não use um salto mais alto do que sua possibilidade de andar com elegância.

No caso dele, fazer a barba, vestir uma roupa compatível com o seu estilo e passar um bom perfume é o mínimo!

Muitos homens sozinhos não têm noção da roupa que lhe cai bem. Nesse caso o melhor é pedir ajuda a um expert no assunto. Entre numa boa loja, um tipo onde você goste do que vê na vitrine e ache que combina com você. Diga que você vai a uma festa bem legal e quer ir bem arrumado. Experimente a roupa sugerida e se olhe, veja no espelho e perceba como está. Qual a imagem que passa? Talvez você goste. Se não gostar, vá a outra loja e faça a mesma coisa. Você precisa se encaixar, gostar do estilo e gostar de se ver naquele estilo. De repente, você pode perceber que muitas daquelas peças já estão no seu guarda-roupa, faltam só os complementos.

Você pode adotar o estilo que quiser, se tiver visto algo bonito em uma foto de revista, tente ir atrás. Cuide de você. Mas perceba que sua beleza tem limites. Não adianta querer usar uma blusa justa com braço aparecendo se o cara que está na foto tem o braço e o peito musculosos e você é barrigudinho.

Você pode e deve ter o direito de estar no melhor de você. Mulher não gosta de se arrumar horas para o primeiro encontro e sair com um homem desleixado. Parece que o cara não está ligando para ela. É terrível.

Outro ponto: cabelo. Eles devem estar limpos, bem cortados e cheirosos. Os cabelos devem estar "pegáveis", convidativos. Os dentes devem estar escovados, o hálito agradável, a barba feita, as unhas bem cortadas, por favor!

É preciso levar algum presentinho?

Não. A chance de errar é muito grande. No entanto, se o homem gostar da moça, deve enviar flores (de preferência) ou chocolate no dia seguinte. Atualmente tem muita gente que manda cartões ou flores pela internet, mas, convenhamos, nada como um buquê de flores ao vivo pra gente cheirar, tocar e tomar um delicioso banho de imersão com elas.

Se você ganhou flores de quem você gosta e ama, relacione-se com elas, não perca essa oportunidade. Se você não tem banheira em casa, pegue um pedaço de tule, ponha as pétalas das rosas dentro e amarre no chuveiro, faça um sachê desses e leve para ele tomar banho também, amarre na casa dele. Aproveite a intenção e a energia amorosa impregnada nas flores para acender seu amor, use e abuse da beleza da natureza, o amor é natural! Por falar nisso, é o homem que deve telefonar depois do primeiro encontro. Telefona e envia o presente. E você, minha dama, quando receber as flores, deve telefonar imediatamente para agradecer, lógico! Se ele não fizer contato, é porque não gostou. O único jeito é partir para um novo encontro.

Antes de entrar no próximo capítulo, vamos ver outra história, bem diferente da anterior. Neste caso, fica claro que as pessoas é que determinam o tipo que atraem.

Uma vez, fui a um coquetel comercial da empresa de uma amiga. A festa era grande, animada, com música, comida boa e muita gente. Logo ela me apresentou uma garota (se não me engano, vizinha dela) que tinha um problema:

– Olha, Cláudya, você que é especialista dá um conselho à Aline: ela só atrai caras que não querem nada sério.

Comecei a conversar com a Aline, muito simpática e engraçada. Ela sabia fazer uma coisa que sempre me diverte: imitava vozes de gente famosa. Depois de conversarmos muito, ela me explicou (com a voz dela) que sempre acaba se apaixonando por caras que só querem uma aventurazinha rápida. O garanhão, vocês conhecem.

Resolvi então fazer um exercício com ela:

– Aline, tem algum homem nesta festa que te atrai, assim, só de olhar?

– Claro, Cláudya, você está vendo aquele ali de gravata escura? Eu gostei daquele.

Pois é, o único cara que a atraía era o garanhão: forte e alto, cheio de si, peito empinado, falava muito, servia champanhe para o resto da mesa, ria, fazia piada e olhava para todas as mulheres que passavam. Não perdoava uma. Conheço esse tipo: na verdade, é um comunicativo de primeira classe, diverte-se com a conquista. Apenas com a primeira conquista, dificilmente se aprofunda e às vezes demora muito para querer aprofundamento, só com a idade. Outras vezes passa a vida inteira assim.

Então, disse a ela:

– Mas e aquele ao lado dele?

– Qual?

– Aquele de camisa azul-escura, que tem o jeito calmo, olhe como ele come com segurança e sutileza.

– Ah, não, não é tão bonito quanto o outro. E eu adoro homem de gravata.

– Mas olha os olhos verdes dele! Olhos verdes misteriosos...

– Que nada, é muito quieto. Gosto de homem animado.

– Vamos até lá conhecê-los.

Chegamos à mesa e logo o garanhão foi nos incorporando: puxou as cadeiras e perguntou nosso nome. Quando não olhava para mim ou para a Aline, fixava os olhos na bunda da garçonete. Mas usava gravata, o deleite da Aline. Conversei com o rapaz de olhos verdes. Ele falava lentamente. Disse que administrava as três livrarias da família e que estava um pouco triste porque tinha terminado o namoro. Falei com ele sobre o luto. Pelo que percebi, faltava pouco para ele entrar na fase do equilíbrio.

De repente, virei de lado e vi a Aline aos beijos com o garanhão. Uma pessoa que só olha para a gravata e para o jeito animado de alguém nunca vai conhecer em profundidade as pessoas. "Só atraio garanhão..." Claro, só se ocupa com as embalagens. É preciso mergulhar no outro, procurar suas belezas.

Dei o meu cartão ao rapaz e umas três semanas depois ele apareceu na agência. Fiquei muito contente. Ele me contou que tinha passado aqueles dias ⚓ lendo e que achava que agora estava pronto para um novo relacionamento.

De cara, lembrei-me da Juliana, uma gracinha de moça que tinha aparecido na minha agência três semanas antes. Estava começando o mestrado em filosofia. ⚓ Pretendia escrever uma dissertação sobre Levinas.

⚓ – Levinas, repetiu o Olhos Verdes, eu adoro Levinas.

Entrei em contato com a Juliana, que se espantou muito com uma informação:

– Nossa, eu só compro livros nas livrarias dele. É mais interessante. Parece uma livraria mais profunda.

Bom, não preciso continuar a história. Marcaram um encontro no café de uma das livrarias e o Olhos Verdes mostrou como trabalhava:

🔴 – Só coloco na vitrine os livros de que eu gosto.

– Então a gente tem o mesmo gosto.

Os dois se casaram um mês depois da defesa da dissertação de mestrado sobre Levinas. Outro dia, cruzei com o garanhão. O cara estava namorando duas, mas achava que não ia durar. Parecia meio triste, cansado. Perguntei da Aline e ele me disse que tinha sido só uma coisa rápida. Nunca mais a vi, deve estar por aí, atrás da gravata de algum homem bonito. Eu prefiro Emmanuel Levinas.

– 6 –
O encontro

"Os antigos [...] compreenderam o fato de que as relações recíprocas entre os corpos planetários são tão perfeitas quanto as que existem entre os corpúsculos sanguíneos que flutuam num fluido comum, e que cada um é afetado pelas influências combinadas dos restantes, uma vez que cada um por sua vez afeta todos os demais."

Madame Blavatsky

O primeiro encontro? O que fazer durante o primeiro encontro? Como se vestir? E o que se pode e se deve falar? Qual o melhor lugar? E o horário, pode ser qualquer um? Essas perguntas precisam ser levadas a sério, pois o primeiro encontro deve ser encarado como se fosse o início de um belo romance.

Nessa minha vida de cupido, já vi de tudo no primeiro encontro! Desde uma cidadã ultraexigente que desistiu do cara porque ele pegou a faca que caiu no chão até uma transa maravilhosa nas escadarias do edifício em que a moça morava. Mas o que é incrível é perceber que as pessoas podem atrair o melhor ou o pior da outra. É uma química. Como água e óleo que não se misturam, às vezes não combina. Portanto, muitas vezes racionalmente está tudo certo, mas as energias não se ajustam e as pessoas se estranham.

Vou contar aqui uma das histórias mais recentes que aconteceram com clientes da agência.

Cristina, uma fonoaudióloga de 35 anos, escreveu na ficha que gostaria de conhecer um homem forte e decidido, já estabelecido na vida e preparado para aventuras intensas. Achei o pedido interessante, até porque ela se descreve com as mesmas características. Como vocês já devem estar sabendo, duas personalidades parecidas não costumam se dar bem em um casamento. Lembrem-se sempre: amor não é só amizade. Precisa de diferenças para ser complementar!

Apesar de entender que ela precisaria de um homem calmo para contrabalançar, resolvi satisfazer o seu pedido e coloquei-a em contato com Émerson, engenheiro da Petrobras, três anos mais velho que ela, havia vários meses sem um relacionamento.

Seria o primeiro encontro dos dois pela agência. O lobo com a loba. Até eu estava apreensiva.

Cristina foi de minissaia, cabelo solto, toda arrumada. Ele, ao contrário, vestiu um *jogging* esportivo. Queria passar um clima de descontração. A roupa não combinou: não era isso que ela esperava.

Mesmo assim, Cristina seguiu o figurino e se mostrou para ele, que parecia animado, gostando da dança. Então ela se levantou para ir ao banheiro retocar a maquiagem (isso é clássico e deve ser feito) e, quando voltou, Émerson colocou a mão na coxa dela. Cristina ficou muito tensa e afastou a perna. Por isso eu aviso sempre: cavalheiros, comecem pela mão. Tentem pegar na mão, se a atitude for aprovada, podem evoluir, se não for, parem por aí.

Dali a pouco, Émerson, sedento e desesperado (tudo o que não se deve estar para entrar na onda amorosa), tentou agarrá-la. Ela desviou e o empurrou. Agora o vexame da roupa era o mínimo...

O leitor vai ver que não existe regra: até sexo pode rolar no primeiro encontro. Mas tudo precisa ser sutil e feito com delicadeza. Precisa haver reciprocidade! A conversa não engatava, a conta demorava e o encontro estava péssimo! Um atraindo o pior do outro, um descompasso.

Cristina encurtou o encontro, mas acabou sendo obrigada a pegar uma carona com Émerson até o estacionamento onde tinha deixado o carro. No meio do caminho, ele atacou pela terceira vez. Ela desceu fugindo e ele foi atrás com o carro, quase a atropelando. Cristina reagiu aos berros, Émerson saiu do carro descontrolado e acabou levando um bofetão no rosto. Dois esquentados, duas personalidades iguais.

Acontece!

O primeiro encontro é sempre um risco para os envolvidos. Uma emoção, além de ter um sentido mais amplo. Tenho acompanhado encontros há muito tempo, por isso reuni uma grande experiência prática. É claro que as situações variam, no entanto algumas pequenas regras de conduta parecem se repetir em quase todos os casos. Se formos considerar os casos bem-sucedidos, então, aí parece que todo mundo seguiu naturalmente a receita!

O que se deve falar no primeiro encontro?

Bom, é lógico que a última coisa sobre a qual os dois devem falar é a respeito dos "ex". Esse assunto é mico e está proibido. Aliás, quem tem muita vontade de falar no "ex" simplesmente ainda não deixou a antiga relação para trás e sem dúvida não está preparado para começar uma nova.

O homem deve se mostrar inteligente e bem informado e sem dúvida sairá na frente se falar de maneira original sobre as coisas. O que estou dizendo é simples: não existem (tirando as relações passadas...) assuntos melhores ou piores, o que existe são formas criativas e agradáveis de falar sobre alguma coisa. Existem sete tipos de papo e você pode notar pelo verbo em que ponto a energia da pessoa está! Se você não é um tipo com muitos assuntos, leia coisas de interesse geral em alguma publicação e escolha os que mais combinam com você. Filmes e livros são sempre interessantes. Piadas também, se você for bom nisso.

Se o assunto for sexo, o ideal é falar misteriosamente, sem grandes voos ou sustos. Tem muita gente dizendo assim: "Fui clara com ele, sincera". Espera aí, tudo tem seu tempo, estamos no primeiro encontro. Aqui a energia necessária é de disparo, para disparar o foguete e colocá-lo em órbita. Precisa de muito combustível! Haja fogo! Quando vocês estiverem em órbita, os assuntos com certeza serão mais profundos.

É preciso saber ouvir o parceiro e dar-lhe toda atenção. Evite mesmo olhar para as outras pessoas e jamais comente sobre elas. Procure assuntos divertidos, mas não tente encher o tempo falando bobagens. Um parêntese: pessoas que maltratam o garçom ou os outros funcionários de um restaurante costumam ser muito malvistas. Procure agir com educação, no primeiro encontro e sempre!

Não pode existir nada mais decepcionante para uma mulher do que um homem com papo ruim. É preciso sempre ter em mente que a senha de acesso romântica de uma mulher é auditiva: ela precisa ouvir coisas legais. Já o homem precisa ver.

Por isso, minha amiga, levante e vá ao toalete com a bolsinha em punho. De preferência depois da refeição. Supervisione os dentes em frente ao espelho, tenha sempre um fio dental ou palitos de dente na bolsa e renove o batom, penteie os cabelos e faça xixi. Não deixe de fazer xixi porque está sem vontade, porque dali a meia hora você vai ficar com vontade e com vergonha de levantar de novo, tenho certeza! Pode demorar um pouquinho, não tenha problemas com isso. Volte linda, olhando para ele, andando devagar e charmosa, com o olhar fixo nele!

A mulher deve tomar cuidado para não falar demais. Como já vimos, mulheres muito faladoras provavelmente estão com muita ansiedade. E obviamente assustam os homens. Quando o silêncio aparecer, olhe para ele fixamente e sorria, mande um recado pelo olhar, ele logo vai achar algo para dizer. Você pode brincar com vários tipos de olhar e mandar mensagens mentalizadas para ele. Isto é delicioso de fazer, experimente!

O homem não se preocupa minimamente com o nível financeiro ou de educação formal da mulher. Ele quer uma moça que saiba se comportar, fale bem, tenha um bom nível cultural, não precisa ser milionária nem ter Ph.D. Precisa, sim, ser bonita para ele, do tipo que ele acha bonita. Inclusive, se você tiver uma profissão tipo "dona de butique feminina", ele vai adorar. Agora, se você for médica e tiver de sair sempre que o celular chamar, saiba que terá mais dificuldades.

Se possível, a mulher deve fazer o contraponto ao papo do homem, ir pontuando e acrescentando coisas. É importante também considerar que polêmicas devem ser evitadas. Política e religião, por exemplo. Pessoas que discordam de tudo não costumam se dar exatamente bem na onda amorosa, pois discordar de tudo significa não ter a menor possibilidade de conversa. Bom, todo mundo sabe que um relacionamento envolve muita conversa. Ou deveria envolver!

Outro papo superfurado é perguntar "como você é" ou dizer "eu sou romântica e meiga..." Fale sobre assuntos variados e vá mostrando o seu jeito, o mistério é importante, sentir é importante, sentir o outro e você. Como você se sente nessa situação? Como você se sente olhando para ele ou ela? O coração dispara? Dá um frio na barriga? É irritante? Agradável e calmo? Sinta o encontro para ver se faz sentido.

Se o homem está partindo para um segundo casamento e quer encontrar uma moça que ainda não se casou, cuidado! Não comece com aqueles papos de que para você "tanto faz casar e ter filhos, porque não é o papel que segura as pessoas" e que você não acredita mais em casamento etc. e tal.

Entenda que a pessoa que está com você tem os sonhos que você tinha antes de se casar pela primeira vez. Se você começar com toda essa conversa amarga, é provável que perca o jogo.

Daí você me pergunta se deve mentir. Digo que não. O fato é que, devagar, você pode ir destilando sua amargura. Não precisa "tirar a roupa do corpo emocional" logo no primeiro encontro. O *striptease* vem depois. Não vai dizer que você foi traído, que mulher não presta, que sua ex-mulher é louca, que na sua família a maioria não bate bem... Sei lá, essas mazelas da vida, ninguém merece. E falar sobre os filhos? Não aconselho inicialmente e sim depois de ter havido um apaixonamento.

Se você quer mostrar o lado mental, fale sobre o trabalho e suas conquistas (não conquistas de outras mulheres, é claro!). Mas se você quer juntar o emocional e o mental, decore umas poesias, alguns versos, conte uma história bonita para ela.

Está querendo conquistar uma gatinha? Procure um papo legal para a faixa de idade dela. É uma mulher madura? O papo tem de ser diferente. Ou seja, conheça o eleitorado, entenda a pessoa com quem você vai sair e organize a "pauta". Também é interessante falar do lado espiritual, não exatamente de religião, mas de como você faz a sua própria conexão, se centraliza e retoma seu bem-estar.

Há pouco tempo recebi uma ligação de um cliente muito crítico (ah, os críticos...), com as histórias de sempre. Ele mesmo me contou o que falou para uma moça que apresentamos para ele: "Sua foto está esquisita, você não tem nada melhor?" E outra: "Por que você frequenta essa religião duas vezes por semana? Não é muito, não?" Bom, ela nem sequer quis conhecê-lo pessoalmente. Uma vez pelo telefone foi suficiente.

O que comer? O que beber?

Na verdade, dependendo da idade a comida não importa muito. Jovens não costumam ter exigências nesse sentido. Mas legal seria ir pedindo coisas e prolongando a relação, o encontro. O casal deve se sentar frente a frente e notar o ritmo. Normalmente, como eu já disse, quando o casal combina na mesa, vai combinar na cama. Um vinho aquece e, se acompanhado de água e durante a refeição, não trará prejuízos e sim um pouco de abertura para o casal.

Fazer a refeição pode ser um ritual apressado, o que pode se repetir na cama. Você já viu alguém comendo rapidamente e sem tirar os olhos do prato? Se você estiver na cama desse sujeito, provavelmente a ação se repetirá. O cidadão vai se saciar com rapidez e determinação. Como eu como? Como eu. Mas só eu como assim, como eu.

Se eu estou comendo e estou gostando, estou gostoso. Se estou achando amargo, é porque estou amargo. O sabor é meu. O alimento só desvia o paladar, meu gosto. Quando o meu gosto volta, quando sinto novamente o meu gosto e me encontro digo: muito gostoso! Ou posso estar desgostoso e tudo estar ruim. O gosto é meu!

Há quem aprecie a bebida mais indicada, o vinho tinto, mas evidentemente apenas se os dois gostarem. A cerveja não costuma causar boa impressão, a não ser que o ambiente seja muito descontraído. O importante é que não se beba muito. Um pouco de álcool a mais pode ser um mico e estragar o encontro. Se houver alguma dúvida quanto ao gosto, o melhor é ficar no suco. Uísques também não costumam causar boa impressão. Se só você fuma, tente esquecer o cigarro no primeiro encontro, evite ao máximo.

COMO SABER SE A PAQUERA ESTÁ DANDO CERTO?

Se você esta interessado(a) em alguém, pode notar através dos sinais do corpo se o interesse é recíproco!

- Se a pessoa está sentada e fica com uma bolsa, mala, qualquer material no colo, está na defensiva;
- Se os pés da pessoa estiverem voltados para você, está na sua. Se estiverem apontados para outro lado, a atenção está seguindo os pés;
- Se a pessoa se volta para você, fica *vis-a-vis*, está interessada no assunto e em você. Se está voltada para outro lugar, está prestando atenção em outra coisa;
- Se a pessoa se debruça para a frente em sua direção, ótimo, está muito interessada. Se vai para trás, se retraiu. Se cruza os braços, se fechou: mude de assunto!

- Conversa: os apaixonados encadeiam a conversa, um fala e o outro completa, a conversa vai pegando um ritmo, note que vai num crescendo. Quando chegar ao pico, se pintar um silêncio, a mulher não deve querer falar, apenas olhar e sorrir, o homem deve agir, dar um beijo, pegar na mão – este é um sinal, é a deixa! O homem deve aproveitar;
- Sensação de calor é sangue quente, a temperatura está aumentando;
- Sinais: se a mulher sorri e passa a mão nos cabelos e o olha fixamente, está interessada;
- Se o homem olha fixamente e passa a mão no queixo, coça a barba, está interessado. Uma forma de mostrar que também está interessado é colocar as mãos no bolso, o que significa que está apontando para o seu órgão sexual;
- Para demonstrar que está paquerando use o OLHAR FLECHA. É um mirar intenso nos olhos do outro que se mantém por uns quinze segundos. Se for mulher, desvie depois do olhar e sorria. Se for homem, continue e permaneça até que ela desvie, depois coce a barba ou pegue no queixo;
- Dançar solitariamente é muito atraente. Se for a um lugar que tenha música, dance. Dance naturalmente consigo, é muito atraente para o homem assistir à mulher numa dança solitária. Opte pelo gênero doce, leve e sinuoso;
- A mulher deve sorrir sempre que quiser estar bem representada. O homem deve observar naturalmente o ambiente, varrer com olhar e quando for cumprimentar ter a mão firme;
- Quando o casal começar a gargalhar, dar muita risada e dar aquela bobeira, o homem deve agir e atacar: pegue na mão e beije. Para beijar muito e não perder a vontade, pode-se sempre usar variações na intensidade do beijo. Mais forte e animal e aí mais suave e sutil.

Agradeço ao mestre Pierre Weil pelo conhecimento sobre a linguagem corporal. Quem quiser se aprofundar deve ler *O corpo fala*.

Quem conquista quem?

Atualmente, muitos homens esqueceram que são eles que devem fazer "a dança da conquista", eles é que devem tentar e depois ver se a mulher gosta ou não. O homem tem de saber dirigir a conquista, como na dança. O homem leva a mulher e ela o acompanha. Nesse mundo em que os homens agora têm medo de decidir fica difícil. Existem muitos homens que vieram com esse defeito de fábrica, não sabem fazer o jogo da conquista.

Dizem que por aí existem poucas mulheres e muitos homens. O fato é que o número não é tão discrepante assim, mas o problema central é que existem atualmente poucos homens com essa habilidade. Também são poucas as mulheres que ficam à espera, que conseguem aguardar o cavalheiro fazer a sua dança.

As mulheres hoje em dia partem para a decisão e atropelam o cara, daí ele desiste da mulher. Moças, fiquem na retaguarda, calma!

Na maioria das vezes, quando o homem não age, a mulher deve entender que ele não quer nada com ela. É o mais provável!

Inclusive, sexualmente, é o que está acontecendo. Ouço muitos homens dizerem que desejam que a mulher faça isso e aquilo na cama para excitá-lo, mas ele deveria estar excitado só de tocá-la ou vê-la se revelar. Se ele conseguir excitá-la o bastante, é óbvio que ela terá vontade de retribuir, mas a regra é "o homem começa o trabalho". Isso é biológico.

Alguns homens são tão pães-duros que não querem nem pagar um jantar ou comprar umas flores. Em geral, esses são os mais exigentes. Como um cidadão mão-fechada pode ter um avião de mulher? Por isso digo, e com toda ênfase: quem é pão-duro com dinheiro é pão-duro no amor!

E é importante ainda dizer que as mulheres não são mais aquelas bobinhas de antigamente que não percebem a personalidade do candidato. Elas compreendem o cara pelo telefone, muitas vezes. A mulher tem mais repertório que o homem para isso. Ela percebe muito mais facilmente as cristalizações. A maioria das mulheres não está a fim de encarar um pão-duro.

Pode rolar sexo no primeiro encontro?

Todo mundo pergunta isso, se pode ou não pode. Durante uns três anos entrevistei casais que se juntaram por nosso intermédio, entrevistei uns cem ou mais. Notei que todos os que se casaram tinham começado de uma primeira relação sexual fantástica! Dificilmente um homem se casa com uma mulher que não dá certo com ele na cama. Portanto, a resposta é clara, quando o caso é específico. Por exemplo, se a mulher está menstruada naquele dia ou na TPM não é bom transar. Se um dos dois está com muito sono, cansaço, dor de cabeça, com o intestino preso ou o estômago muito cheio também não é legal.

É melhor se preparar para o dia de forma adequada, para que seja de fato emocionante e os dois estejam bem.

Depois vem a hora certa: depende de toda a parte física, sobre a qual falei acima. Mas depende também do mental querer e do emocional estar envolvido. ● Existem aqueles que também envolvem o espiritual logo de cara, a memória. São as almas gêmeas! Veja que nesse plano de almas gêmeas não existe tempo, é outro sentido, sentido do reencontro. Não dá para medir assim, se deve ser no primeiro ou no terceiro, é muito individual. Como perceber almas gêmeas na prática? O *workshop* Cara-metade traz esta prática para o deleite de todos. Depois que a gente aprende, tudo melhora na gente, a segurança chega.

Você tem de sentir que é a hora, para fazer sentido! A hora do homem pode ser antes da hora da mulher, então ele vai ter de esperar o *timing* dela.

Inclusive, essa questão de *timing* é muito séria. Como na história que contamos neste capítulo, você viu como o *timing* sexual do Émerson já estava avançado, ele não começou a viagem do começo, aí não conseguiu levá-la. Em geral é o ritmo do homem que se acelera nessas horas.

O importante portanto é: os dois precisam estar no mesmo ritmo!

Devo criticar o meu pretendente?

Mas é claro que não! Tenho falado muito sobre a crítica no mundo contemporâneo. Estou plenamente convencida de que essa mania maluca de querer criticar tudo, de dar uma opinião para tudo e de querer sempre mudar as coisas prejudica muito o amor. Pessoas muito críticas são pouco amorosas.

Imagina se em um primeiro encontro o homem critica o colar da mulher ou se ela fala mal da camisa dele. Algumas pessoas chegam ao cúmulo de, após ter conhecido a mãe da garota, dizer que não foi com a cara da sogra.

Veja, a pessoa quer logo no primeiro encontro mudar a mãe da pretendente. Não dá! Além disso, é importante notar que excesso de crítica denuncia uma pessoa pouco tolerante. O amor pede tolerância e compreensão. É preciso entender as razões do outro e procurar conviver com elas e não ficar criticando muito o jeito de ser do parceiro ou do pretendente.

Se alguém quiser saber como destruir uma relação, tenho a fórmula pronta: não passe um dia sem criticar alguma coisa do parceiro. Tente sempre mudar os gostos dele e o diminua em tudo. Ah, sim, não se esqueça de cobrar sempre que ele precisa melhorar e evoluir e nunca concorde com ele. Fale mal da família e dos amigos dele e, sempre que ele estiver calado ou concentrado, queira saber o que ele está pensando e invada sempre os espaços dele. Uma pessoa que fizer isso vai ter o privilégio de viver sem amor pelo resto da vida.

Deus que me livre!

Vamos falar de sequências

Para ser didática, preparei uma sequência de conquista que envolve o toque. Repare que o homem precisa agir progressivamente. Se a mulher não permite um dos passos, pular para o outro é burrada. O ideal é ir conseguindo cada um deles aos poucos.

Olho no olho > Mão na mão > Abraço > Mão na perna, delicadamente sobre a coxa > Beijo

O que a mulher espera de um homem?	E o que o homem espera da mulher?
Um bom papo	Visual atraente
Cavalheirismo	Fidelidade
Fidelidade	Discrição
Ser conquistada	Carinho
Atenção	Atenção
Interesse	Elegância
Bom humor	Bom humor

MEU ENCONTRO DEU ERRADO...

Não, não deu errado. Você pode dizer que as suas energias não bateram com as da outra pessoa. Vocês não se harmonizaram completamente. Isso eu aceito. Mas procure sempre tirar alguma coisa boa de qualquer encontro.

Não vai rolar um relacionamento? Tudo bem, mas você trocou impressões sobre um livro, soube de uma exposição que está rolando, ouviu sobre um filme maravilhoso.

Além disso, você pode simplesmente ter um novo amigo ou amiga. Você pode aumentar a sua rede de relacionamentos!

O mais importante, porém, não é isso. De qualquer encontro você pode e deve tirar uma lição. Observe o que aconteceu, pense no que você falou e como agiu. Lembre se você estava bem. Para o próximo, aprimore seus pontos fracos e identifique os fortes.

E sobretudo: compreenda-se!

Passadas essas lições, podemos ir para a história. Esta é transcendente!

Tenho uma amiga, a Aninha, que viveu uma aventura louquíssima, cheia de tesão. Secretária de diretoria de uma grande empresa, acompanhou o chefe durante o encontro anual de executivos na Dinamarca. No primeiro seminário (que foi uma chatice, assim como o segundo, o terceiro, o quarto...), Aninha acabou sentando-se ao lado do diretor da regional francesa. O homem parecia um pouco mais velho, era bem-apessoado, cheiroso e vestia um terno simplesmente maravilhoso.

Depois de uns dez minutos de palestra, ela sentiu que a perna dele roçava a sua. Se alguém visse seria um vexame, então ela se distanciou um pouco. Mas que mal teria? Aquele homem cheirava bem demais. O que os perfumes franceses têm de tão especial? Bom, Aninha se aproximou um pouquinho e momentos depois lá estava ele com a perna.

Elas eram até que bem grossas, pensou minha amiga. Mas aquilo não podia continuar, e ela se afastou. Mas e se fosse só mais uma vez, e ela se aproximasse de novo? Nossa, que cheiro maravilhoso!

Depois do primeiro seminário, Aninha percebeu que não podia mais fazer aquilo: afinal de contas, estava trabalhando. Antes de acompanhar

116 **MANUAL DO AMOR**

seu chefe na segunda palestra, foi ao banheiro decidida a esquecer o francês, mas na ponta do corredor deu de cara com aquele homem magnífico. Olharam-se nos olhos.

● Em um segundo os olhos daquele homem se fundiram nos olhos de um outro homem que estava num deserto com ela. Ele transava com ela num deserto, ela corria, ele atrás dela. Uma relação de sexo e medo e de correr um atrás do outro, um sol, um filme, uma loucura. Mas ela estava ali no congresso, pasmada olhando para ele e suando frio e com medo. Ele olhava de volta, mas ela via um filme passar, uma vida passou em segundos.

Quando ela voltou a si e enxergou os olhos dele, não conseguia falar, travou.

Ele falou alguma coisa em francês e ela, evidentemente, não entendeu nada, mas achou engraçado. Animado com o riso da brasileira, o francês lhe ⚓ deu um beijinho no rosto e ela sentiu na pele o roçar da barba aparada. Ficou com um baita tesão.

O homem deve ter percebido pois, antes de largá-la, ⚓ alisou bem de leve o lado direito de sua cintura. Aninha se descontrolou. Minha nossa, não iria entender nada da segunda palestra.

Que loucura: era logo ele que iria falar. O francês falou o tempo inteiro olhando para ela e, nas duas vezes que parou, sorriu fixando o olhar no de Aninha. E ela estava lá no deserto com ele, naquele calorão, em outro tempo e desenrolando aquele filme tão louco e excitante que ela nem entendia de onde vinha tanta criatividade. Louco de tudo e parecia real! Ela estava desesperada. Que homem gostoso, meu Deus. De noite, cruzaram-se no saguão do hotel e ele deu outro beijinho no rosto dela. ⚓ Ela achou que a barba dele tinha crescido durante o dia, estava um pouco mais cheia e arranhou sua pele, bem do jeito que a deixa louca de tesão. Bom, não era a barba dele que tinha crescido...

Depois do beijinho, ele falou alguma outra coisa em francês olhando fixamente nos olhos dela e, segurando bem firme suas mãos, deixou um papelzinho dobrado e foi embora. Quando ela abriu o papel, a mensagem em português era a seguinte: "Preciso falar noite para você espera quarto 404". Ela correu para tomar banho, vestiu a saia mais curta que tinha, pegou a calcinha preta com o sutiã de renda e invadiu o quarto dele, completamente desesperada de tesão. ● Os dois treparam a noite toda. Cada vez que ele dizia uma frase em francês no ouvido da Aninha, ela queria mais. Acho que foram até as oito horas. No seminário das nove, quase não conseguiam parar de se olhar e rir.

Estão casados há mais de dez anos e moram em Paris. Aninha aprendeu muito bem o francês, mas até hoje, quando ele fala alguma coisa no ouvido dela e roça a barba na pele de seu rosto, minha amiga fica desesperada. ● E o filme que ela assistiu nos olhos dele ela tem certeza que é o filme de outra encarnação que viveram juntos, portanto imagina que esse foi um reencontro.

Sexo na primeira vez? Depende do que acontecer.

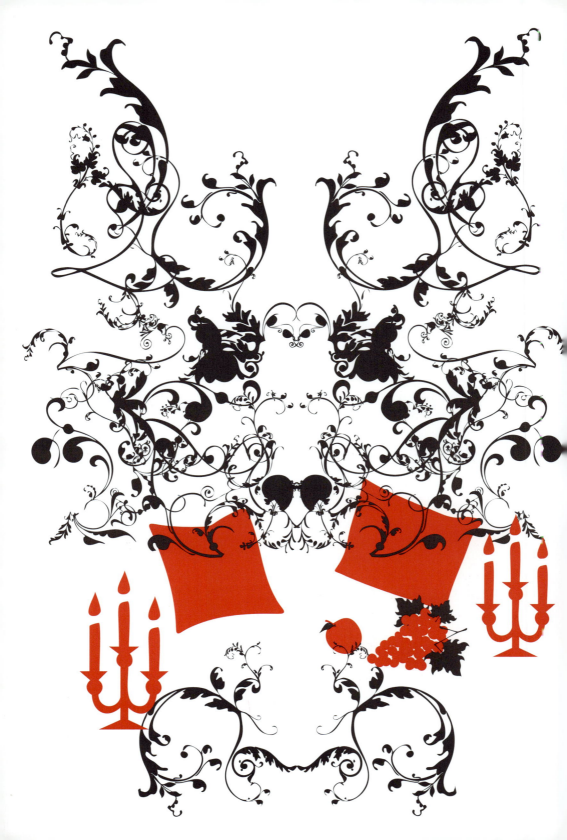

– 7 –

Transas em transe

> "Temos muito medo de duas coisas – do sexo e da morte.
> Mas ambos são básicos, e um buscador realmente religioso
> entrará em ambos. Ele vivenciará o sexo para conhecer
> o que ele é, pois conhecer o sexo é conhecer a vida."
>
> Osho

Agora que o primeiro encontro já aconteceu, quero deixar algumas dicas sobre a manutenção de um relacionamento. Ou seja, os próximos encontros, os encontros de cada dia; quero falar de casamentos. Todo mundo sabe que sou a favor de compromisso, relacionamento sério e casamento duradouro. Por isso, para mim não interessa só a conquista: a manutenção é fundamental!

Claro que o sexo terá um lugar importante neste capítulo. Falar em manutenção de relacionamento é falar de sexo, entre outras coisas, sem dúvida. Muitas vezes o sexo fica mal-entendido entre os parceiros e isso pode gerar desencontros, quem sabe até separação. Além disso, um relacionamento entre dois adultos que não tem sexo é pipoca sem sal. Mas por favor, não vão vocês confundir sexualidade com penetração, estou falando de algo mais amplo.

Antes de falarmos sobre isso, como você já está acostumado, quero apresentar um caso muito interessante e ilustrativo de que o sexo precisa ser harmonioso em um relacionamento.

Há algum tempo, apareceu na minha agência um senhor de uns 60 anos muito rico. Um sexagenário! Quando eu digo rico, nesse caso é rico mesmo: milionário, sei lá, multimilionário. Dono de uma empresa de comércio internacional, veio logo dizendo que viajava muito, todo ano praticamente rodava o mundo, hospedando-se em hotéis de luxo, comendo nos melhores restaurantes e só voando de primeira classe.

Apresentou-se, sem nenhuma modéstia, como um partidão, um tipo e tanto. 🦋 Como é tradicional, disse que queria uma menina com no máximo uns 25 anos, mas gostaria mesmo de um "brotinho na faixa dos 20". E depois desfiou o rosário: tinha de ser bonita, ou melhor, linda, gostosa, agradável, atraente, simpática, educada e fogosa. Ele tinha um pouco cara de sem-vergonha...

Expliquei-lhe que seria muito difícil em nosso sistema, pois não temos garotas de programa. As garotas no cadastro da agência com aquelas características têm nível superior e classe social média ou alta e procuram um rapaz na faixa etária delas, para primeiro casamento, e não o aceitariam. Que ele não teria pique para aguentar bebês à noite, discotecas na madrugada e sexo juvenil.

Meio ofendido, ele me lembrou (como se eu não soubesse) que hoje em dia, para ter uma ereção, basta tomar um comprimido. Ele daria conta de qualquer mocinha.

Pacientemente, expliquei-lhe que sexo não era aquilo que ele estava pensando e que aquele tipo de moça desejava construir uma vida com outra pessoa e que o sexo para ela funcionava junto com o sentimento. E sentimento, continuei, comprimido nenhum traz.

Ele ficou nervoso, mas acabou aceitando conhecer mulheres um pouco mais velhas. Então aceitei sua inscrição. Começamos depois da documentação e das entrevistas com a apresentação de perfis com fotos. Na escolha, enquanto eu lhe mostrava as fotos e os perfis, já estava ficando um pouco chateada com o julgamento que ele tinha a respeito das pessoas. Ele via as pessoas sem amor, como fábricas de interesse. Começou conhecendo as enxutíssimas de 40 e poucos anos. Lindas e interessantes, mas para ele sempre tinham algum defeito, óbvio, eram todas seres humanos. Infelizmente ainda não temos mulheres virtuais, perfeitas e montadas conforme o gosto do freguês. Mas ele explicava cada problema: peito meio caído, falta de juventude para se vestir, pouco ânimo quando dava risada, coisas assim. Não conseguia ver a "centelha de vida, a centelha divina" nas mulheres, imagino que também não tivesse encontrado em si mesmo.

A verdade é que aquele senhor não tinha crescido sexual, emocional e espiritualmente. Tinha ficado megamilionário, mas continuava imaturo. Se amadurecesse um pouco, saberia reparar na riqueza de cada pessoa, na beleza que cada idade oferece e poderia abarcar a beleza do conjunto.

Aliás, nessa época imaginei que sua autoestima estaria baixa, porque ele era feio e já bem envelhecido, bem mais do que as mulheres em quem via aqueles defeitos. Foi quando eu descobri que ele literalmente não se enxergava. Ele se via como um jovem de 25 anos e "acreditava" naquilo, se achava jovem e bonito. Estava trepado na própria ilusão, sem nenhuma noção do real.

Conheceu mulheres maravilhosas, mulheres inteiras e inteligentes, dispostas a uma troca emocional, mental, sexual e espiritual. Mulheres que com sua independência financeira poderiam ter um vínculo exclusivamente amoroso. Mas ele nem partia para a conquista, imagino que ele nem sabia como proceder e não tinha vontade, disse que não se sentia atraído. Foi parar na terapia para ter mais autoconhecimento.

Por fim, aconteceu o óbvio: foi fisgado na noite por uma garota de programa do tipo físico que ele queria. Ela era maravilhosa, doce e disponível, sempre disposta a tudo o que ele queria, uma gueixa. Passou a manter um relacionamento pago com ela. A moça viajava de primeira classe, ria direitinho e ganhava por hora. E o senhor iludia-se no seu sonho juvenil. O relacionamento tinha sexo e comprimidos, claro! Por isso eu gostaria de dizer uma coisa: evoluir não faz mal a ninguém, mas há os que preferem viver trepando com a ilusão a vida toda. Temos de respeitar!

Aliás, alguém aí sabe o que é envelhecer? É ficar mais sábio... Na verdade, as rugas são conquistas, são sinais de um aprendizado. Infelizmente, no Brasil desvalorizam-se as pessoas mais velhas, elas são tratadas como inúteis e incapazes. No entanto, muitos países desenvolvidos respeitam os idosos e sabem aprender com eles. Uma pessoa que viveu adequadamente todas as fases da vida, que passou por experiências e soube aprender com elas, evoluindo sempre, é um ser iluminado e cheio de sabedoria.

Já as pessoas estagnadas, essas que parecem nunca sair do lugar, que com 60 anos querem ter 20, seguramente não amadureceram e estão cheias de problemas. É preciso saber desfrutar o que cada fase da vida tem de melhor! Inclusive, sexagenários e sexagenárias estão na idade do sexo, do sexto sentido. Dizem que os sexagenários e sexagenárias são os melhores, porque já acessam outra fase do sexo. Uau!

E por falar em fase: a mulher tem quatro, como já disse. A mulher é Lua, é fásica.

Para que o relacionamento funcione harmoniosamente, é preciso que fique claro que a mulher tem fases hormonais e sexuais que se alternam como a Lua. Duas delas favorecem o sexo, as duas outras favorecem o romantismo.

Explico-me melhor: as quatro fases são sucessivamente a ovulação, a seca, a menstruada e a seca novamente. Na fase da ovulação a mulher está a fim de transa, inclusive pode engravidar, tem um muco vaginal firme e elástico e pode perceber isso claramente. Além disso, a tendência a realizar coisas mais fortes e animadas nesse período é maior. Muitas mulheres nessa fase topam (e até gostam) da famosa rapidinha. Apesar de ser um desperdício uma rapidinha nessa fase, acontece. Digo isso porque esse é um tempo em que a moça tem mais facilidade para chegar ao êxtase, aos orgasmos sucessivos e tal. Depois vem a fase seca.

Nas fases secas, a mulher pode e fica molhada também, mas começa seca. Isso deve ser entendido, é preciso mais tempo de preliminares, dessa vez a matriz tem de ser mais amor, declarações, toque e sedução.

Depois existe a fase menstruada, que dependendo do gosto do freguês pode ser boa ou ruim. Tenho uma amiga que tem um namorado que adora rituais de sexo em tempos de "guerra", diga-se sangue! Existem bruxarias nesse sentido, cardápios específicos para a fase. Mas para alguns o sinal vermelho é de PARE!

Um marido atento e interessado em satisfazer a mulher e também em ter uma vida sexual plena e harmoniosa (sem falar na manutenção do casamento) deve saber tirar proveito dessas várias fases e conseguir agir conforme a situação manda. Se o homem entender que tem um verdadeiro "parque de diversões" nas mãos, é um felizardo; ele e a esposa, ambos são!

Com a estabilização do casamento, muitos homens tendem a se acomodar na cama: dão uma rapidinha, viram para o lado e dormem. Esse tipo de comportamento costuma destruir o casamento. É preciso atenção e cuidado.

Mas então a rapidinha não pode? Mas é claro que pode! Tudo depende da disposição dos parceiros e do momento. Tem gente que adora transar com o marido no elevador. O fundamental é observar o momento e saber comportar-se nas mais diversas situações. Podemos comer um sanduíche de vez em quando, não é? Mas qual é o hábito da casa? Mesa posta e entradas, saladas e prato principal e depois sobremesa e café? Muito melhor, não?

A humanidade está na fase de querer ir mais longe, ultrapassar os limites e o sexo pode ser uma boa forma para esse saudável desafio!

Inclusive, querendo ir mais longe, podem aumentar o tempo das sessões. Um homem jovem pode voltar a ter ereção depois de dez ou quinze minutos da primeira ejaculação. Já um homem mais velho pode demorar uma hora para recuperar a ereção. Portanto, dá tempo para brincar, rir e tomar um bom vinho, conversar!

As mulheres estão falando sobre satisfação sexual. Hoje em dia até a mais pudica senhora que está sentada na sala de espera do dentista, depois de meia hora de conversa, começa a entrar numa boa nesses assuntos. Portanto, os homens podem e devem saber que as mulheres querem algo mais, querem se relacionar e ter romantismo, sexo e satisfação na cama também. Esse é o desejo atual.

Qual o menu sexual atualmente?

Os casais na atualidade mantêm práticas sexuais semelhantes: as relações costumam começar com o sexo oral e depois ir para a penetração. Já nas faixas etárias mais avançadas, a preferência pelo sexo oral cai. Normalmente, é o homem quem dita as regras. Em relações muito estáveis, que já contam vários anos, a mulher pode às vezes assumir o comando. No entanto, se ela procura dar as cartas logo no começo, corre o risco de passar má impressão ao parceiro. Machismo? É, mas no Brasil é assim que funciona ainda.

Conheço umas moças com quem converso e a quem dou umas ideias novas. Elas por fim me questionam como colocá-las em prática porque têm receio de o marido pensar que elas aprenderam com outro homem. Eles nem imaginam quanto mulheres conversam sobre isso, se soubessem até se sentiriam envergonhados e invadidos.

Sabe que a outra face da Lua nunca é vista da Terra? As mulheres só mostram uma face para os homens Sol; a outra face, a oculta, só as outras mulheres enxergam. Uma vê ou sente a face oculta da outra. Quando é jovem e percebe algo que não concorda, costuma julgar e divulgar, mas, com o tempo, começa a ver a beleza do oculto e a respeitar uma à outra sem julgamentos! Como é bom evoluir, amar o outro independentemente dos conceitos dele! Vamos lembrar que é o Sol que ilumina a Lua.

As posições também não apresentam muita surpresa. As pesquisas que fiz na minha agência mostram que os casais costumam praticar principalmente o famoso papai e mamãe. Entre os mais jovens, a mulher "de quatro" também faz sucesso e os dois costumam gostar. Outra posição muito praticada por casais mais novos (o que significa uma idade de até uns 40 anos) é a mulher por cima. Essa posição costuma ser muito apreciada pelas mulheres, pois favorece um contato direto com o clitóris, aumentando a satisfação dela.

Com o passar dos anos, o papai e mamãe costuma preponderar e o sexo passa a ser cada vez mais mental. Além disso, um casamento maduro exige a prática de novos menus e a variação dos hábitos sexuais. Um casal realmente apaixonado sabe reciclar-se e com isso faz sempre novas conquistas.

Portanto, o sexo nunca acaba quando o relacionamento é realmente baseado no amor. Apenas se transforma!

Aposto que se você é homem e tem mais de 45 anos deve estar assustado com este verbo rasgado, cartas na mesa! Mas o que eu devo dizer-lhe é que a sua esposa provavelmente vai adorar se você melhorar sua performance na cama e você também, porque vai descobrir que tem outra mulher ao seu lado. Inclusive, se ela estiver meio bravinha ou irritada, saiba que uma boa sessão prolongada vai acalmá-la! Outra informação importantíssima: o menu preferido das mulheres é o abraço.

Atualmente os homens estão apavorados com problemas de ereção (53% dos homens no Brasil têm problemas de ereção, segundo pesquisas recentes). Ao conversarem comigo, eles sempre dizem que, quando acontece tal coisa "x", não funciona, e se acontece "y", não funciona. Isso traz muito estresse e insegurança para eles. Mas tenho uma ótima notícia para esses homens. As mulheres querem ser abraçadas, querem desenvolver a sexualidade. Isso não significa necessariamente "paudurescência", penetração. Pode haver um maravilhoso ato sexual de dança, bailado e muitos abraços de amor. Se houver desejo e penetração, ótimo. Mas, se não houver, a troca energética é o que traz a satisfação. Carinhos, carícias, massagens, beijos e agrados podem ser muito emocionantes. Mudar o cardápio sexual é necessário, ele deve evoluir junto com a idade e o autoconhecimento.

O homem que fica com o menu de quando abriu seu restaurante vai ver a despensa apodrecer! Ou seja, o homem que com 50 anos continua com o mesmo cardápio de quando tinha 30 está insatisfeito.

Porque a sua performance não é a mesma, lógico! E não é a mesma porque DEVERIA SER OUTRA. A natureza é sábia, acredite, mas é preciso evoluir. O homem e a mulher, a partir de uma certa faixa etária, já devem querer algo mais profundo e que reúna mais corpos do que apenas o físico.

Como entender isso? Para uma moça e um rapaz de 20 anos que começaram a namorar agora, pode ser um ótimo programa ir até a esquina comer um cachorro-quente em pé ao lado do carrinho... Mas, com 40 anos, esse casal junto há quinze, um ótimo programa é um bom restaurante com mesa, toalha, copos e talheres, boa música e bom serviço. O casal de 40 pode até se divertir comendo cachorro-quente na esquina, mas já existem outras possibilidades.

Portanto, sexualmente falando, a evolução do sexo é a adição dos corpos nesta relação. Adicionar o corpo emocional, mental e espiritual, além do físico.

Mas falando até em corpo físico só, o toque pode ter várias intensidades, variar também faz sentido. Parece que quanto mais sutil o toque, quanto mais leve, mais profundo é. Note como é para você!

Sexo
nos sete níveis

O conceito do sexo pode e deve ser renovado nestes tempos atuais. Se eu tenho um orgasmo agora, o que acontece comigo? Sinto um *frisson*, uma descarga elétrica no corpo todo e quando a energia sobe eu "saio de mim" por um segundo. Essa saída do corpo é a pequena morte, *petit meurt*, como dizem os franceses. Eu preciso de você para morrer em mim e me encontrar novamente em você e renovada, misturada com você. Veja que lindo e poético!

Quem pratica meditação também consegue esses segundos de conexão com o cosmo, e com a prática esse tempo vai aumentando. Imagine se você, em vez de apenas ir e voltar, puder permanecer lá por um tempo maior até observar algo neste novo mundo que se abre.

Vai haver de fato um novo mundo se abrindo para você, o seu próprio mundo se revelará.

Pois é, este é o princípio do "sexo sem fim" em miúdos. As pessoas acham isso uma loucura, porque para os homens a prática chega como o "sexo não ejaculatório". Os homens se apavoram pensando que não terão orgasmo, mas quando aprendem percebem que, ao contrário, podem acessar também os orgasmos múltiplos e o aumento do tempo em êxtase. Esse é o lance!

O homem aprende a separar o orgasmo da ejaculação, pois não quer ter filhos em todas as relações que pratica, por isso não é preciso ejacular. E para as mulheres é maravilhoso! Maravilhoso porque têm um homem orgástico e apaixonado na cama. Mas e depois? Você sugere o sexo não ejaculatório? Que loucura, o homem não sente tesão?

Não é exatamente isso, o homem aprende a separar a ejaculação do orgasmo e se torna uma potência, porque não fica cansado e desmaiado do seu lado depois de ejacular, porque não ejacula. Mas tem orgasmo!

Em geral, o romantismo e a paixão que o homem sente quando chega ao pico de excitação se perdem depois da ejaculação. E a mulher é deixada de lado no começo do jogo, porque para ela a brincadeira estava apenas começando. Até uma partida de futebol tem dois tempos de 45 minutos e a gente fica com essa abreviação de quinze minutos? Não é justo!

Se a gente começa a fazer exercício físico, uma caminhada por exemplo, inicialmente dá uma preguiça, depois uma satisfação de estar ali em meio à atividade. Esta sensação de satisfação acontece dos cinco aos vinte minutos aproximadamente. A maioria das relações entre os casais para por aí, com a sensação de satisfação e de missão cumprida.

Mas o que existe além? Voltemos para a caminhada. Depois da satisfação de estar conseguindo chegar ali, vem um início de percepção do corpo, uma consciência corporal, dor aqui, dor ali, pinçamento ou desconforto. Isso porque começou a consciência do corpo físico. Depois desse tempo vem o esquentamento do corpo, as dores irão desaparecendo conforme o corpo vai se aquecendo e você vai se esticando e trabalhando com consciência as partes que estão "travadas", e então você vai se soltando.

E, depois da soltura, vem o peito aberto, você já começa a suar, pôr os bichos para fora e se curar. Essa possibilidade curativa se apresenta depois de aproximadamente uns cinquenta minutos. Você pode fazer essa experiência na sua corrida ou caminhada e notar essas fases e então transportá-las com consciência para a cama.

O segredo: ir devagar.

Então? Preparado para o sexo curativo? Precisa de tempo! Mas o que fazer com as crianças e com o telefone? Tem de dar o mesmo jeitinho que a gente dá para fazer o esporte, mas, no caso do sexo, se for o sexo curativo, pode ser semanal. Só uma vez por semana? Uai! Uma vez por semana de três horas é muito melhor que cinco minutos diários. Aliás esse lance de rapidinhas, diga-se de passagem, só de passagem mesmo. Não dá nem tempo de mirar nos olhos do cidadão, mas essas transas muito rápidas são apenas para destensionar, despejar a energia estressada na parceira e se mandar! Conheço mulheres que contam que gritam e gemem bem alto para acabar logo, mais rápido ainda, para o cara logo ir para o banho e dar sossego a elas. Uma pena! Em primeiro lugar é muito difícil acordar a mulher por inteiro, os quatro corpos, logo cedo, salvo raras exceções! A mulher pode estar agindo com o corpo físico de madrugada, atendendo o filho e ainda estar dormindo, tem essa possibilidade! Ela volta para a cama e dorme! Não acorda os outros corpos de vez! Já a maioria dos homens acorda por inteiro!

Mas para melhorar ainda o seu ritual de cura sexual, você pode transar no fim da tarde quando o Sol e a Lua estão no céu! Será de fato um belo encontro!

RELAÇÃO DOS SETE NÍVEIS

Se fôssemos ligar as quatro estações aos quatro corpos, poderíamos arriscar assim: verão = corpo físico; outono = corpo mental; inverno = corpo emocional; primavera = corpo espiritual. É preciso entender isso e não exigir que a relação tenha sempre os mesmos ingredientes o ano todo, durante a volta inteira do planeta em torno do Sol.

Mas como empreender a relação em direção aos sete níveis?

Um bom começo poderia ser aumentar o tempo do contato, aumentar o tempo da transa. Começar vestido em pé e dançando é uma boa ideia! Não sente nem deite no começo, tenha a possibilidade de se movimentar por inteiro, sem pesar em cima do outro! Esse negócio de pesar no outro convém dizer que não é muito interessante. Nessas horas é melhor ter alguém que se sustenta, tem a possibilidade muscular de se manter. Nesse momento suas horas diárias de academia fazem a diferença!

Temos também de entender que, além das fases da mulher, existem as regras de outra mulher da natureza: a Terra. A primavera, o verão o outono e o inverno. No outono os conceitos caem, no inverno o frio gela fora e a gente fica quente por dentro e faz planos com o nosso amor. Na primavera esses conceitos florescem e a gente separa os sonhos das ilusões e vê claramente o que faz sentido. No verão estamos quentes, com os corpos quentes, sexuais e queremos realizar nossos desejos. No Brasil, temos muito calor e verão e todo mundo quer saber de sexo e transa. Temos bastante tempo nessa condição, para nossa sorte! Estamos felizmente no País do Amor! Nasci no lugar certo!

Mas, voltando à vaca fria, quer dizer, à vaca quente, pois aqui o assunto é quente, quentíssimo! Estávamos na dança, em pé. Podemos ficar bastante nessa possibilidade dos abraços e beijos e agrados em geral, fazendo a dança, trocando energia!

Depois você pode continuar no seu menu habitual. Acrescente um bom papo com um aperitivo leve e uma conversa picante e interessante para os dois. Volte então para a conquista em pé e siga para o seu menu. Aos poucos você vai introduzindo danças, papos e intimidade com o outro. Vai aprendendo a ficar solto na presença do outro e tirar proveito disso, olhos nos olhos.

Outro lance muito legal é notar a respiração um do outro e coordenar as duas, ou pelo menos notar as duas.

Outra dica legal para as mulheres é o relaxamento e a não contração. O que é isso? Quando a gente vai se excitando, vai gostando e se contrai, tem um orgasmo. Mas se você conseguir mesmo estando bastante excitada continuar relaxada, mesmo na área manipulada, sentirá algo bem mais profundo. Tente!

Qual o melhor ambiente para o sexo?

Poxa, essa é outra pergunta muito difícil de responder. De novo, o ambiente precisa estar de acordo com o casal. Algumas pessoas gostam de transar em casa, outras no carro. Existem aqueles até que adoram transar ao ar livre. Bom, quem não teve aquela experiência na praia? Pode lembrar da sua, viaje nela um pouco e estimule suas endorfinas!

Quanto a isso, e a qualquer outra coisa que se refira a sexo, o importante é que as duas pessoas estejam de acordo e se sintam bem. Ninguém deve se submeter a nada que não deseje fazer. Um parceiro que obriga outro a alguma coisa não tem o menor respeito e portanto não sente amor de verdade. Amor pressupõe respeito!

Obviamente, depois de algum tempo, o casal vai ter um lugar específico para o sexo. Em 99% dos casos, esse lugar é o mesmo. Já sabe qual é? Isso aí, a cama!

Não é nada mal se um dos parceiros (principalmente o homem!) preparar esse lugar. O quarto precisa ser limpo e arejado. A roupa de cama, claro, deve ser trocada e, se estiver cheirosa, ponto a mais! Quando o casal está casado, em geral quem faz o "ninho" é a mulher. Então pode acender uma vela, ou ligar um abajur, deixar a tal meia-luz. É importante olhar os olhos do outro durante a relação, para a maioria das mulheres. Esse contato é o que se chama "cumplicidade". Que tal disparar a sua hoje à noite?

E o que falar na hora H?

O importante é não ser inconveniente. As pessoas devem tentar perceber o clima. Muitas vezes, o parceiro espera romantismo e o outro resolve falar algumas "sacanagenzinhas". Fica ridículo. De novo eu chamo a atenção para a dança: o importante é que a música seja adequada, os dois devem estar no mesmo ritmo.

Existe um segredo que sempre funciona: o nome. Procure repetir algumas vezes o nome do seu parceiro no ouvido dele. Nunca se esqueça: "quem chama acende a chama!"

Penetre o outro com o som da sua voz. Para as mulheres com senha de acesso auditiva isso é muito importante! Os homens também sentem bastante com as palavras no ouvido.

Há um caso muito engraçado que aconteceu na agência. A moça saía com o rapaz, começava a namorar e tudo estava indo bem. Quando já estava namorando há um tempo em que imaginávamos que poderia ter rolado algo mais íntimo, o relacionamento desandava. Sempre me perguntei o que acontecia nas relações sexuais que essa moça protagonizava. Um dia descobri. Quando a moça chegava ao orgasmo, começava a rir, depois gargalhava e gargalhava e muito, muito alto.

Bom, o cidadão que me contou disse também que já não sabia se ela ria dele, do corpo dele, do... dele ou se estava com cócegas e tirando sarro de tudo aquilo. Imagina só!

E a moça? Ah, ela sempre se sentiu poderosíssima. Dizia que os homens não a aguentavam, ela tinha muito fogo e não tinha ainda nascido um homem para suportá-la na cama, que ela era um furacão e eu ainda não tinha apresentado a ela um homem de verdade! Coitada de mim, a culpa era minha, você acredita? Terapia nela e em todos os seres vivos do planeta! Ah, e em mim principalmente, porque não largo a minha nem por decreto-lei!

O que é o striptease?

Se tomarmos o *striptease* como um ritual ancestral, ele tem o sentido de tirar as cascas, as cristalizações, e se mostrar, se abrir para o outro. Despir-se de tudo, tornar-se transparente. É a revelação da mulher, o momento de mostrar o corpo físico, emocional, mental e espiritual.

Todo *striptease* deve ser uma meditação dinâmica, a mulher vai tirando e relacionando as partes do corpo aos sentimentos e sentindo internamente que pode abrir mais aquele arquivo para o seu companheiro. Você deve treinar muitas vezes e ensaiar antes de fazer, porque é bastante complexo, é milenar, é uma arte fantástica.

Mas se você pensar que o lance é só físico, vai ficar ridículo! Vou dar um exemplo do que estou tentando dizer. Se você vai tirar os sapatos, estará mostrando os pés, certo? Os pés são o caminho, para onde ir.

Nesse momento em que você estiver tirando os sapatos, deve pensar ao mesmo tempo sobre os seus caminhos e querer passar alguma mensagem para ele nesse sentido. Você não vai falar a mensagem, mas vai sentir e pensar simultaneamente durante a retirada dos sapatos. Portanto você deve pensar antes o que quer dizer e passar isso para ele em cada gesto.

Entendeu como é complexo? Por isso você pode fazer o ritual sozinha e devagar e relacionar o corpo físico, emocional e mental em cada ação que fizer. Ensaiar antes de fazer para ele.

Vou dar as principais relações do corpo para você começar, ok?
- pés – caminhos
- joelhos – eu e ele, a relação
- bumbum – poder
- barriga – a vida

- seio – sei de mim, meu universo
- coração – sentimentos

Agora, vou dar mais uma dica: você deve falar com os olhos e fixar os olhos nele. Então você vai dançando e a cada peça que você tira, fixe a intenção na mente e mande a mensagem pelos olhos.

Quanto ao corpo espiritual, ele entra quando você conseguir se despir inteiramente e se sentir uma deusa, despida de preconceitos, cascas e máscaras. Nua, onde só a centelha divina aparece, saindo do diverso e entrando no universo, onde todos somos um, fundidos no cosmo. Esse é o sentido espiritual. Existe uma aula inteira sobre essa técnica que é maravilhosa, mas é só na prática que dá para explicar o resto, mostrando para você pessoalmente no *workshop* Deusa Divina. Mas acredito que só com essas dicas já é possível se divertir. Quando você for fazer um *striptease* para o seu parceiro, lembre-se de que você deve estar bem arrumada e maquiada e principalmente segura, com todos os movimentos já ensaiados, nos quatro corpos. Você tem de se sentir uma deusa dançando para um deus.

O QUE É O KAMASUTRA?

Ah, que delícia! Aquele livro maravilhoso, cheio de desenhos insinuantes e inspiradores. Mas, no fundo, o que é o *Kamasutra*?

Na verdade, o *Kamasutra* representa um casal dançando. Vamos guardar isso: sexo é dança. Os dois estão ali completamente harmonizados, fazendo um ritual cheio de prazer e amor. Portanto, dependendo do seu posicionamento corporal possível, ou seja, sua capacidade de alongamento, sua força física para se aguentar e carregar a mulher, o sexo pode evoluir com mais ou menos criatividade.

E já que o sexo é uma dança, recomendo que o casal tente aos poucos entender como o parceiro funciona. Não adianta aparecer com lições (ou posições) pré-fabricadas, pois a chance de desastre é enorme. É preciso sentir cada passo.

O *Kamasutra* deve servir de inspiração, mas nunca de modelo. Não tente reproduzir tudo aquilo, é uma bobagem. Já ouvi falar de gente cheia de hematomas depois de tentar imitar o *Kamasutra*. A pessoa dura, sem conforto, tentando imitar uma posição indigesta e tentando ter orgasmo? Ridículo, né?

O ideal é compreender a filosofia e perceber que, para a dança dar certo, o casal precisa estar harmonizado e com o corpo funcionando!

Quando o homem entra na dança?

Quando ele sentir que a energia dele subiu do chakra ou ponto básico (na base da coluna) para o frontal, no terceiro olho. Esta é a hora de ele parar de ser espectador e começar a ser parceiro e entrar na dança.

A sequência de toques para a transa

Este tópico é mais importante para os homens. Eles precisam entender que os pontos de excitação da mulher são dispersos pelo corpo, e não, como os deles, focalizados apenas nas zonas erógenas. Portanto, o homem deve começar pelos pés. Pés frios? Esquente-os. A transa precisa de circulação ativa, aquecimento. Se a moça estiver com os pés gelados é porque o sangue não esquentou o bastante.

O homem não deve ir direto ao clitóris. Pode ser muito incômodo e isso também acaba revelando falta de noção sobre o mundo feminino.

Mesmo depois de anos de casamento, uma transa deve requerer esquentamento. Se vocês não têm tempo para isso, é melhor esperar um momento mais tranquilo.

Vamos trilhar aqui um caminho pelo corpo feminino:
Pés e joelhos
Pescoço e ombros
Barriga
Seios
Bumbum
Coxas
Monte de Vênus

Quando chegar aí, se tudo estiver bem, é o momento de tocar a vagina. Primeiro por fora e depois internamente. Não adianta acelerar, não dá certo!

Se o homem tiver tesão suficiente para ir se deliciando com as sensações da parceira, poderá permanecer bastante tempo em cada passo a ponto de conseguir um "orgasmo" da sua parceira em cada parte, uma descarga elétrica em cada passo.

Um orgasmo é uma descarga elétrica ou uma liberação de energia por meio daquele local. O homem pode colocar a mulher em posição agradável para os olhos dele e ir massageando o local pretendido, dando pilha, ativando a região de forma agradável para ela.

Atualmente as pessoas imaginam que vão ter grandes êxtases com uma pessoa que viram na rua pela primeira vez na vida. Não é bem assim. Para rolar uma boa transa, um transe, é preciso muita confiança e intimidade, elementos disponíveis em relacionamentos duradouros e maduros. Afinal, o agricultor prepara a terra, planta, rega todos os dias e em um dia de muita alegria colhe uma linda flor e pode sentir o seu perfume, ver a sua beleza.

As pessoas querem que o amor e o sexo floresçam em uma noite? Querem só a rosa de uma hora para outra? É impossível, é necessário cultivo. Por isso, precisamos avisar nossos filhos sobre a necessidade de relações profundas, para conhecermos horizontes, sairmos da superficialidade e mergulharmos no amor.

Uma conhecida minha saiu com um cara com quem ela tinha vontade de transar fazia muito tempo. Imaginava que o cara fosse tudo de bom. Um dia se pegaram em um barzinho e foram para o apartamento dele.

Chegando lá, do nada o cara tirou a roupa inteira e mostrou o pênis completamente duro para ela e disse radiante:

– Olha que presente eu tenho para você, pode aproveitar!

Ela, sem nenhum jeito, achou que ele fosse muito irreverente e descontraído, começou a beijá-lo e abraçá-lo. Ele deu um longo beijo na boca, desceu ao clitóris e queria logo penetrá-la. Obviamente, seca com aquele *the flash*, ela não estava sentindo nada.

O cara ficou p..., não entendeu nada, perguntou o que ela tinha e por que não estava excitada. Ela ficou irada e foi embora. Um verdadeiro vexame.

Pasme: o cara tinha 18 anos mais que ela, conhecia muito bem o mundo e era empresário! Pode ser tudo isso, mas de mulher não entendia nada. Por isso, amigos e amigas, para se dar bem na onda amorosa é preciso saber movimentar harmonicamente os quatro corpos, os seus e os da parceira, um só não dá.

Vamos falar de casamento

Agora eu quero gastar um tempinho para falar das relações já estabilizadas. Muitas pessoas estão casadas há vários anos, mas ainda continuam com os mesmos conflitos do início. Normalmente, essas pessoas estão com algum problema, estão sem evolução na onda amorosa. Existem conflitos fixos; destes, aprenda a rir. Toda vez que eles aparecerem ria, brinque e tire um sarro. Os conflitos novos que forem aparecendo vão encontrar um terreno limpo, sem muitas dores e mazelas e então serão resolvidos a seu tempo.

Sempre procuro lembrar uma frase muito preciosa: "Só me apaixono pelos outros porque me apaixono por mim". Gostar de si nessa história toda é da maior importância, e cultivar os seus corpos, tratá-los com carinho e dar o alimento necessário faz toda a diferença quando há o encontro com o outro. Uma coisa é uma relação "tapa-buraco". Outra relação muito mais qualitativa é a de dois seres humanos inteiros que empreendem algo juntos e de comum acordo. Os dois em si, no melhor de si.

Se você está um lixo, cansado, magoado e triste, não é hora de transas, é hora de se refazer. Dê a si o tempo necessário para que consiga se refazer. Comece pelo físico, vá para o emocional, o mental e o espiritual. Faça toda a rota para chegar renovado, é bom. Depois se apresente diferente para o outro. Que delícia! Poderá aparecer uma nova onda, uma nova transa, uma mudança de cardápio, mais uma.

Um casamento é um cultivo gigantesco. O casal deve estar sempre procurando se conquistar e se entender para poder perceber o outro. Quem não muda não percebe a mudança no outro. Nunca se esqueça, mesmo estando casado há vinte anos, do presente do Dia dos Namorados! É preciso empreender sempre.

Por fim, se você acha que o seu relacionamento não está indo bem, invista na recuperação. Procure salvar o seu casamento! Por quê? Porque se você empacou com a pessoa num problema de comportamento, poderá empacar no mesmo ponto com tantas outras que encontrar, saiba disso! É óbvio que então será outra pessoa, e outro universo, e que essa pessoa poderá ajudar de forma diferente. Mas, se o problema é seu, você vai ter de resolver de qualquer jeito, independentemente de quem estiver ao seu lado, portanto tente agora. Se você mudar, a relação mudará, então você poderá sair dela ou não. Mas sairá diferente, com um sentido de missão cumprida, fim de linha. Tranquilo e sem brigas ou maiores mazelas.

POR QUE O HOMEM TRAI?

Porque quer ter novidade na cama. Precisa de outros ingredientes. Porque o sexo dele com a parceira está repetitivo, sem graça. Ou porque a outra se abriu para ele e ele não resistiu. Ele é capaz de ter uma relação apenas física. Se a relação for apenas física com a esposa também, fica mais fácil ainda ele se encantar com outras.

POR QUE A MULHER TRAI?

Porque quer romance. Em geral a mulher quer ingredientes emocionais, por isso trai. Quer compreensão, atenção e mais carinho do que tem em casa. Com o corpo emocional ligado, ela fica com mais um corpo ativo e acaba tendo mais tesão também.

No próximo capítulo, o último, não vou contar nenhuma história. Vou ser direta e tentar ficar o mais perto possível de você. Então, a história a seguir é a última. Vou contar um acontecimento muito especial, que fala muito dos passos da conquista, da psicologia dos amantes e das etapas, das sequências que o amor vai construindo para nós.

Bons amantes são aqueles que fazem com paciência e competência cada um dos passos da vida a dois. O caminho contínuo é percorrido pelo par, que passa por tudo junto para chegar ao êxtase. E aqui não estou falando apenas de sexo (muito embora, claro, ele esteja presente de forma especial). Falo de um êxtase quase divino, de um estado de elevação a que só o amor pode conduzir. A história é linda, tente não perder nenhum passo.

Luís Roberto, um administrador de empresas com um cargo executivo em uma companhia de comércio internacional sediada em Santos, gostou bastante do perfil de Helena, uma arquiteta que trabalhava em um dos grandes escritórios de Jundiaí. Logo que lhe passei o telefone, ele ligou e a conversa fluiu de um jeito impressionante.

136 **MANUAL DO AMOR**

Era sábado, por volta das onze da manhã. Depois de trocarem ideias, falarem de seus gostos e desejos, dos lugares aonde gostavam de ir e da estranha coincidência de ambos terem passado as últimas férias em Fortaleza, os dois perceberam que o relógio marcava três da tarde. Tinham conversado por quatro horas sem perceber, muito menos sem sentir fome no almoço. Como queriam continuar conversando, resolveram marcar um encontro no fim daquela tarde mesmo. Iriam se encontrar em um dos bares mais simpáticos de Jundiaí, dentro de um parque.

Começou, então, o ritual da preparação.

Helena resolveu tomar um banho de sais. No banheiro, colocou um som alto (morava sozinha) e, de vez em quando, se levantava para dançar com a toalha. Parece que estou vendo a cena daqui. Ela se sentia bem, o banho parecia amaciar sua pele. Depois que saiu, continuou dançando nua, pensando que era para ele, pela casa toda até parar em frente ao guarda-roupa. Logo, ela relembrou nossas conversas: uma saia discreta mas nem tanto, uma blusinha leve e elegante e os cabelos soltos. Hora de escová-los! E lá foi Helena para a frente do espelho fazer escova nos longos fios pretos. Depois fez uma maquiagem com toda a sua energia. Pensando nele e nas coisas que ele contou pelo telefone, foi dando mais força aos olhos e lábios. No final, passou um perfume de rosas magnífico, uma essência ylang-ylang.

Luís Roberto também não perdeu tempo e foi cuidar da barba. Precisava apará-la com cuidado. Homens de barba podem ser o máximo, mas só se ela estiver bem cuidada. Enquanto se preparava, Luís ensaiava com o espelho o discurso. Repetia uma frase, voltava, trocava algumas palavras, remexia no gestual e tentava de novo. Como um de seus melhores amigos era dono de uma loja de perfumes importados, Luís telefonou para ele e fez uma encomenda que deveria ser entregue em uma hora, no máximo:

– Quero um perfume novo, o cheiro mais gostoso, sensual e hipnotizador que você tiver aí.

Uma hora depois o motoqueiro chegou com um perfume magnífico. Luís lembrou-se de que Helena gostava de cinema. Como ainda tinha um tempinho, abriu os jornais e uma revista semanal e foi se informar, para ter um pouco o que falar sobre os gostos dela.

Os dois chegaram praticamente na mesma hora. Pediram vinho para beber enquanto o sol se punha e começaram a falar sobre o trabalho. Como a conversa fluía bem, eles foram abençoados pela bela cor alaranjada que tomou conta da superfície do lago.

⚓ Luís Roberto, enquanto falava, tomava cuidado para não olhar demais para os seios dela. Ele tinha ficado completamente enfeitiçado. Helena, por outro lado, teve de pedir para ele repetir o que estava falando umas três vezes, pois se perdia olhando aqueles olhos profundos, negros e maravilhosos. Depois, começaram a falar de ✗ cinema. A sequência foi natural e o papo seguinte foi sobre ✗ música, sobre quem gostava do quê. Por fim, quando a noite já tinha caído, começaram a trocar ✗ ideias sobre crenças e conceitos de vida. O assunto era amplo e interessante, assim, Luís Roberto e Helena resolveram esticar para um jantar.

De entrada, pediram alcachofra e, enquanto comiam, ficaram falando sobre seus hábitos. De repente, Helena se deu conta de que estava completamente encantada por aquele homem. Quando chegou a paella, o assunto estava na família. Depois de terminar o prato, meio nervosa, Helena pediu licença e foi ao toalete. De frente para o espelho, fez a pergunta fatal: ⑦ é esse o homem que pedi? A resposta apareceu na mesma hora: é! ⚓ Imediatamente, veio o medo: não pode ser, é muito para mim, deve ter alguma coisa errada.

Quando ela voltou, ele estava em pé e arriscou abraçá-la, mas com a tensão, acabou esbarrando nos seios dela. Helena foi querer retribuir e tentou beijar o rosto dele, mas acabou acertando os olhos. A fixação era grande...

No entanto, Helena começou a manifestar seus medos. Luís Roberto percebeu e, em vez de desistir ou fraquejar, intensificou a conquista e começou a ser ainda mais romântico. Durante a sobremesa, ele ofereceu um brinde "aos pares felizes". Depois, como se não bastasse, começou a recitar alguns trechos – que ele sabia de cor – das *Cartas de um sedutor*. Meu Deus, pensou Helena, esse homem gosta de Hilda Hilst, a minha escritora preferida. O que está acontecendo?

Depois disso, os dois foram tomar café. Helena estava com as pernas bambas e Luís Roberto, consciente de que tinha conduzido a conquista com perfeição. No meio da xícara, ele pegou em sua mão, ela retribuiu. Ele a abraçou e sentiu que ela estava um pouco tensa. Declamou um poema em seus ouvidos, ela amoleceu e ele a apertou bem próxima de seu corpo e beijou-a.

Você quer saber como eles terminaram? Casaram-se depois de oito meses de namoro e estão juntos há doze anos...

– 8 –

O reencontro

> "Quando um homem e uma mulher reconhecem "o outro"
> em um laço de amor perfeitamente puro e casto, esse reconhecimento
> se verifica por intermédio do fogo espiritual-espinhal. Esse fogo
> espiritual-espinhal acende uma luz através de uma das costelas,
> no santuário do coração. O esterno, a glândula timo e algumas partes
> do coração desempenham aqui importante papel.
> Assim que essa luz arde no coração, um reconhece o outro;
> ele e ela despertam do sono do esquecimento e
> inicia-se o processo de colaboração consciente.
> Não é demais insistir que esse "reconhecimento" se refere,
> efetivamente, ao relacionamento cósmico-original, impessoal,
> e que seu impulso e anseio de colaboração consciente
> se apoia no mais recôndito do ser."
>
> J. van Rijckenborgh

Ah, que pena, o livro já está chegando ao fim. Eu não queria que acabasse. Sempre digo para as pessoas que não podemos saber no que as coisas vão dar, mas de fato o que importa é que o processo faça sentido, seja consciente e prazeroso. Um verdadeiro *big bang*, uma explosão de vida!

O universo abençoou cada passo deste livro, cada momento. Vivi intensamente cada capítulo que escrevi. O universo pontuou a minha organização e orquestrou a teia da vida e o mercado para que as revelações que faltavam aparecessem. Uma bênção mesmo, assim como você que tem a oportunidade de estar comigo agora, tão pertinho, uma bênção! Não foi por acaso que nos encontramos nesta viagem, tudo isso tem um sentido, um pedido, que de alguma forma foi evocado!

Eu gostei muito de fazê-lo porque pude parar para pensar em muita coisa que estava dentro de mim, organizei meus pensamentos e acho que me conheci melhor. Coloquei cada coisa em seu lugar, encontrei a zona a que pertenciam os objetos. Também pensei muito no meu marido e em todos os casais para os quais eu servi de ponte. Se eu pudesse, não terminaria o livro nunca, ou melhor, acho que vou me preparar para outro.

Então é um pouco isso: o amor nunca acaba, está sempre se renovando. Como eu disse, para manter um relacionamento, precisamos estar sempre à procura de renovação, tentando renovar nossas fontes e recriar nossas atratividades. Para amar a mesma pessoa, precisamos estar sempre nos atualizando perante nós mesmos. Precisamos nos refletir na pessoa que amamos.

Por isso eu quis escrever oito capítulos: o amor é um oito, é infinito... O amor não acaba, sempre se renova!

Durante o livro, falei de muita coisa. Neste último capítulo, quero resgatar alguns conceitos para fechar com chave de ouro. Aliás, chaves são um assunto importante. Quantas chaves, fichas que caíram e caem todos os dias para nós? Porque afinal de contas os nós estão em nós e podemos ser senhores ou senhoras de nosso destino e desatá-los.

Se me envolvo comigo, consigo um envolvimento, conseguirei me envolver num relacionamento. Se me relaciono com as pessoas, estou tendo encontros, a vida é encontro!

E se estou me encontrando com frequência, percebo melhor minha porção yin e minha porção yang. Se me relaciono comigo, posso me envolver com você!

Se nos envolvermos de tal forma a poder ter sentimentos e nos amar, seria maravilhoso! Se eu estiver me amando e sentindo minha centelha divina e puder ver a sua, poderemos ser um só. Poderemos até ter uma transa, ou um transe. Pode ser físico ou mental ou emocional ou espiritual! Poderemos juntar nossa turma toda, os quatro corpos, e ter um relacionamento profundamente orgástico, um êxtase! E se juntos pudermos ser um, poderemos ser todos e sermos um: o diverso e o universo. Que verso único! Que diversão!

E depois que nos fundirmos com o cosmos e nos sentirmos parte do todo, amaremos o todo, apesar de na Terra podermos ser só parte dele. Eu gostaria muito que este capítulo não fosse um final, mas um início.

Se está tudo junto aqui, tudo o que falamos, e você está num looping mental, volte para o começo do livro, procure as partes de que você mais gostou. Quando precisar, leia um trecho isolado. Apaixonou-se? Vá para o capítulo da preparação. Não está entendendo o final de uma relação? Leia o trecho sobre o luto.

Minha intenção é deixar para os leitores diversas chaves, possibilidades de reflexão e de revelação. Gostaria muito que você entendesse o que aconteceu com cada um de seus relacionamentos, que se entenda para entender os outros. Adoraria proporcionar *insights* e chaves para você que lê este livro. Se as ideias estiverem aparecendo, se a vontade de se relacionar surgir, teremos criado um vínculo!

Enfim, se a cada vez que alguém que está entrando na onda amorosa procurar algum dos meus trechos, um novo *big bang* acontecerá e para mim o livro terá um sentido maior, um sentido transcendente. Um sentido de amor.

A lenda dos "carinhos quentes".
Que mundo queremos para nós?

Há muito tempo, li uma história maravilhosa de Claude Steiner no livro *Os papéis que vivemos na vida*. Era uma fábula sobre os "carinhos quentes". Eis um resumo para você:

Muito tempo atrás, todas as pessoas que nasciam ganhavam um saquinho de "carinhos quentes" e distribuíam os carinhos que estavam dentro do saquinho para todo mundo, trocavam com conhecidos e desconhecidos, sem distinção. Todas as pessoas que se sentiam desatendidas e carentes podiam pedir um "carinho quente" para qualquer ser humano, todo mundo dava, era uma questão de sobrevivência. Todos sabiam que as pessoas que ficassem muito tempo sem os carinhos poderiam murchar e morrer.

Em todos os lugares se viam grupos e pares trocando carinhos felpudos e aconchegantes. A pessoa punha a mão dentro de seu saquinho e, quando o carinho via a luz do dia, ele se tornava grande e felpudo. Então ela colocava o carinho sobre a outra pessoa, podia ser na cabeça ou nos ombros ou em qualquer parte do corpo. O carinho branquinho logo desaparecia, entrava pela pele e trazia uma maravilhosa sensação de bem-estar e aconchego para quem o recebia.

Um dia uma bruxa muito má e triste, porque naquele lugar ninguém precisava dela, se cansou de tanta felicidade e cochichou no ouvido de um homem que estava olhando sua esposa distribuir carinhos quentes a todos em uma festa. Disse a ele que os carinhos quentes de sua esposa poderiam se acabar, ela estava dando tanto aos outros que poderia não sobrar nada para ele.

Ele conversou com a esposa e explicou sua preocupação. Como ela o amava, restringiu-se a dar os seus carinhos apenas a ele e à família, mas moderadamente. Assim, essa doença do pão-durismo pegou devagar na cidade inteira. A bruxa ficou feliz e inventou um novo saco com coisas para vender: os "espinhos frios".

Parecia um carinho quente, mas depois do bem-estar inicial vinha um mal-estar temporário. Mas pelo menos os espinhos não deixavam as pessoas murcharem e morrerem; ainda existia a troca, mas agora a maioria das pessoas só trocava os espinhos.

Todos economizavam seus carinhos quentes e trocavam espinhos frios, até que chegou uma mulher muito "dada". Ela não se importava em dar os seus carinhos quentes a todos. As crianças adoravam essa senhora, ela estava sempre disposta a dar carinhos a todos, sem exceção.

Quem os aceitou e começou a dar carinhos também recuperou a felicidade. Uma felicidade plena. Mas muita gente estava agora com desconfiança e medo. Deveriam ou não aceitar os carinhos? Poderiam voltar a dar seus carinhos a todos? E se eles acabassem?

É aqui que eu quero terminar: o amor se oferece para quem o aceita; o amor aparece para quem dá. Antes de querer receber amor, comece a dá-lo. Espero que você esteja com muita vontade de entrar na onda amorosa e despejar muito amor e carinhos quentes em quem encontrar, amar ao próximo como a si mesmo.

Estou sendo aqui uma publicitária do amor. Percebo que estamos precisando disso nesses tempos de desconfiança e interesses financeiros apenas. Mas quem está com a cabeça livre para amar, sente disposição para se apaixonar e tem vontade de entrar na onda amorosa com certeza vai conseguir.

É simples, basta dar uma chance. Pode ser para a primeira pessoa que você encontrar hoje na rua, sorria com ternura! Talvez a experiência seja agradável, talvez seja difícil. Para se abrir é preciso treinamento, não é? Por isso eu peço uma chance: pratique o amor. Tente compreendê-lo a partir das suas experiências. E finalmente, se prepare. Se você se permitir, vai chegar com certeza o momento de dizer e ouvir EU TE AMO.

ALMAS GÊMEAS

Antes de terminar, vou falar aqui de uma das coisas sobre as quais mais me perguntam: como saber se a paquera deu certo, como reconhecer a cara-metade?

Impressão de *déjà vu*, o horizonte e a calma nos olhos do outro, tudo isso acontece. Os dois sentem que o tempo desaparece. Todo mundo perde a hora nessas ocasiões. A atração nesses casos é tão forte que os dois não olham sequer para o lado, muito menos para o relógio.

O amor está acima do tempo. Eu coloquei esse pequenino tópico aqui no final só para dizer uma coisa: o amor supera o tempo, deixa-o para trás. Vence a idade, as dificuldades, contorna os problemas e está sempre novo. O amor é a sabedoria maior!

Ofereço um presente para você:
entre em meu site, cadastre-se e ganhe.

Vamos continuar nossa união através
do conhecimento das relações!

Te espero,

www.claudyatoledo.com

Para conhecer outros títulos da Editora Alaúde, acesse o site
www.alaude.com.br, cadastre-se e receba nosso boletim eletrônico com novidades